U0906167

傅兆南回忆录

傅兆南　　著

海峡出版发行集团 | 福建人民出版社
THE STRAITS PUBLISHING & DISTRIBUTING GROUP | FUJIAN PEOPLE'S PUBLISHING HOUSE

图书在版编目（CIP）数据

回望：傅兆南回忆录 / 傅兆南著. -- 福州：福建人民出版社, 2025. 4. -- ISBN 978-7-211-09828-6

Ⅰ. D263

中国国家版本馆CIP数据核字第2025LS6009号

回望——傅兆南回忆录

HUIWANG——FU ZHAONAN HUIYI LU

作　　者：傅兆南
责任编辑：满　艺
美术编辑：白　玫
责任校对：陈　璟
出版发行：福建人民出版社
电　　话：0591-87604366(发行部)
网　　址：http://www.fjpph.com
电子邮箱：fjpph7211@126.com
地　　址：福州市东水路76号
邮　　编：350001
经　　销：福建新华发行（集团）有限责任公司
印　　刷：福福建新华联合印务集团有限公司
地　　址：福州市晋安区福兴大道42号
开　　本：700毫米×1000毫米 1/16
印　　张：7.5
插　　页：6
字　　数：51千字
版　　次：2025年4月第1版
印　　次：2025年4月第1次印刷
书　　号：ISBN 978-7-211-09828-6
定　　价：32.00元

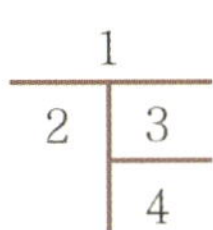

○1. 1945年9月至1946年6月，中原军区三五九旅旅部驻地（傅兆南和何家产在这里相识）

○2. 1946年，傅兆南平生第一张照片

○3. 1947年，傅兆南与何家产的第一张合影

○4. 1950年，傅兆南（时任新疆军区独立骑兵师宣教科第二副科长）在新疆于田县

○1946年中原突围返回延安后，三五九旅七一九团机关部分干部合影。前排右二是傅兆南（时任团政治处见习干事），双手搭在她肩膀上的是何家产（时任七一九团团长）

○1953年，傅兆南于转业时

○1954年，傅兆南和何家产在新疆阿勒泰

○1955年，傅兆南和小女儿何黎明在西安

○1955年，中共阿勒泰地委机要科干部合影。前排右一是傅兆南（时任地委组织部干部科科长），右二是何家产（时任地委第一书记兼阿勒泰军分区司令员、政委）

○1956年，第一张全家福，于新疆喀什地区疏勒县，从左至右是何家产（时任南疆军区副司令员）、何黎明、何莉、何泰山、何雅柏、傅兆南（时任新疆喀什地区妇联副主任）

○1960年，傅兆南（前排左二，时任重庆市妇联办公室副主任）在重庆与市妇联部分同事合影

○1962年，傅兆南在石牌镇与二哥傅兆雄、三哥傅兆章合影

○1956年，傅兆南（前排左三）在西安中共中央第二中级党校学习时毕业合影

○1957年，傅兆南（时任中共疏勒县委副书记）在新疆疏勒县与部分政府工作人员合影

○1974年，傅兆南和何家产在合肥

○1973年，傅兆南（前排左三）在安徽省霍邱县商业局与同事合影

○1974年，最后一张全家福，于安徽合肥，前排从右到左是何家产、傅兆南（手中抱着的是何雅柏的孩子高鹏），后排从左到右是何雅柏、何莉、何泰山、何黎明

○1980年，傅兆南回家乡，前排是傅兆南和她的父亲傅子新，后排是傅兆华（傅子新离家以后抱养的孩子）和何黎明

○傅兆南（右）与1939年一起前往战时儿童保育会的堂妹傅慧君（摄于20世纪80年代）

○1945年带领傅兆南投奔解放区的恩师赵琫艇（摄于20世纪90年代）

○1984年，傅兆南在北京与昔日战友合影。左一是傅兆南，左三是汪卓明（1946年1月，她和傅兆南一起从新四军五师到三五九旅）

○2022年傅兆南96岁生日

代　序

整理完母亲这本回忆录的时候，她已经离开我们一个半月了。我的母亲傅兆南，湖北钟祥石牌人，生于1926年8月5日，逝于2024年8月30日，享年98岁。她大约在70岁的时候写下了这本回忆录。

母亲生于战乱年代，在她13岁时，迎来了第一次命运的转折：加入了战时儿童保育会。这是她新生命的开始。早期在保育院的生活虽然艰苦，但她顽强地活了下来，还进入了初中学习。1945年7月，母亲19岁中学毕业就跟随她的老师，参加了新四军五师。随着内战的炮声越来越响，师部决定，遣散非战斗人员，让他们自由选择想去的部队。母亲毫不犹豫地选择了三五九旅，这又是一个改变她一生的选择。在这里，母亲非常幸运地遇上了她一生的伴侣，我的父亲何家产，并参加了艰苦卓绝的中原突围，在这条血染的道路上，我的父亲和母亲都是少数跟随建制走回延安的人。尤其是我的母亲，在大多数人牺牲、掉队、被俘或因走不动转入当地地方工作的情况下，作为一名女兵，能走回来的更是难得。许多年以后，那些曾经参加过中原突围的前辈见到我们，都称赞我母亲了不起。

母亲是一个要强的人。她从不利用丈夫的职务之便为自己谋利益，反而是父亲工作的频繁调动，拖累了她。她不得不带着 4 个孩子，跟随丈夫的脚步，不断地调换工作。母亲是个聪明能干且善于学习的人，而这种频繁的调动，却大大影响了她职务的提升。“文化大革命”时期，她为了陪伴和照顾父亲，主动到县里当副局长，比原先职务低了两级。但她无怨无悔，她常常对我说的一句话是：“我不靠你爸爸，我靠我自己。”

母亲是一个节俭的人。虽然父亲收入较高，但是打我记事起，母亲在繁忙的工作之余，都是自己管理家务和照料孩子。那时候我们夏天的单衣，冬天的棉衣、棉裤、被子等，都是母亲亲手缝制的。这可是不小的工作量。大孩子穿过的衣服给小的穿，一个一个传下去，我哥哥小时候就不得不穿姐姐们留下的花棉袄。当然，这些一针一线缝制的棉衣在穿过一个冬天以后，又要拆洗和更换棉花。没有新鲜的棉花，也要把穿得硬邦邦的旧棉花重新弹过再使用。所以，到了夏末的时候，我常常看见母亲缝制铺在地板上的棉衣和被子。1968 年，我的三个哥哥姐姐都去当兵以后，母亲觉得抚养孩子的压力小了许多，于是和父亲商量，把多年来辛辛苦苦一点一滴积攒下来的 1 万元拿出来交了党费。

母亲是个随和的人。父亲脾气暴躁，但母亲总是谦让着他。我记忆中他们唯一的一次争吵，是因为母亲要在单位的联欢晚会上表演节目。可能父亲认为做这件事很没有面子，所以极力反对。母亲则

认为父亲干涉了她的工作，所以也绝不让步，他们大吵起来，以至于住在隔壁的孩子们都听到了。因为从来没有听见过父母吵架，所以此事让孩子们都惊惧不已。第二天一早，母亲独自上班去了。之后，这件事便平息了。在很多年以后，我询问母亲这件事的结果，听到她的叙述，还真让我啼笑皆非。原来第二天一早，父亲坐着自己的专车，比母亲更快地到达她的单位，把母亲的领导训了一顿，演出的事情便不了了之了。我刨根问底地继续问母亲，爸爸是军区首长，凭什么训人家地方干部呢？母亲无奈地回答："那时候的地方干部也都是从军队下来的，大家都知道他的坏脾气。"

"文化大革命"开始的时候，母亲在新疆七一棉纺厂医院担任社教工作队党支部书记。因受到牵连，母亲被戴上高帽子，被迫站在桌子上，接受群众斗争。那个时期她长时间不能回家，我去探望她的时候，发现她安之若素。她的随和谦逊，也使她在群众中留下了好口碑。

1969 年，父亲被疏散到安徽霍邱县某部队农场劳动。1970 年，母亲到农场探亲，发现父亲面黄肌瘦，住宿、伙食和医疗条件都非常差，母亲心痛不已。她决心调到霍邱这个小县城来工作，陪伴和照顾父亲。母亲的到来，给父亲带来了极大的安慰和帮助。如果没有母亲的陪伴，父亲有可能无法健康地离开这个农场。

母亲外柔内刚，性格顽强，我很少看到她哭。我记忆最深的两次，都是因为父亲。第一次是“文化大革命”时期，父亲在家中被人抓走。母亲在下班回家的路上，看到了被抓走的父亲。走回家中，看到家门大敞，空空无人，不禁悲从中来，眼泪夺眶而出。第二次是 1977 年 10 月 29 日父亲突然殉职。母亲毫无思想准备，顿时陷入了巨大的痛苦之中。她和父亲共同生活了 31 年，在得知父亲抢救失败以后，母亲痛哭不止。这是我一生中见到她流泪最多的一次。当然还不止这一次。在我们都回到自己的工作、学习岗位后，母亲仍然独自忍受着这巨大和长久的悲痛。这是在她离世以后，我看到在父亲去世后，母亲给父亲写的信，看到那些用泪水打湿的纸张和痛彻心扉的话语才知道的。我才体会到她当时承受着多么巨大和长久的痛苦。母亲留下一条遗嘱，要求在自己死后，把骨灰撒在与父亲相同的海域。

母亲热爱学习，热爱历史，善于独立思考。这使她与许多同辈的人有着不同的历史观和思维方式。特别在参加了战时儿童保育会的难童聚会以后，她找到了许多当年的同学，也认识了一些新朋友，其中就有受她尊敬的鲁风阿姨。她们的交谈和通信，使她的思想和境界开放了许多，对历史和政治制度有了新的认识。

直到晚年，母亲仍然在坚持学习，笔记本上记载着丰富详细的学习内容。

母亲写的这部回忆录，只是她人生中的一小部分片段，但是看了这些片段，她的整个人生都汇聚在了我的脑海中。

母亲的一生是平凡的。她是女儿，是妻子，还是 4 个孩子的母亲。她和中国的大多数妇女一样，相夫教子，但她又是那样地特别，顽强而又果敢。从 13 岁离开家乡起，她追求光明、追求进步、追求真理的步伐从未停止过。

何黎明

2024 年 10 月 16 日写于母亲的骨灰海葬前

目录

童　年

湖北省钟祥县[1]位于汉水之东，跨过汉水向西南行进约50华里，有一个较大的集镇，名为石牌镇。在新中国成立前，交通闭塞的石牌镇属钟祥县最繁荣的集镇之一。

在很久以前，镇上来了一位姓傅的手艺人，他做得一手好豆腐。品种齐全，物美价廉，深受当地人的青睐。于是他安家落户，成了这个镇上的一员。

随着他家人口的增多和生意的兴隆，他买房置地，成了这个镇上有名的大户之一。只可惜他的后代一代不如一代，他们不像祖辈那样勤奋创业，而是好逸恶劳、贪图享受，傅家逐渐衰落。尤其到了

1　1992年，钟祥县被撤销，设立钟祥市（县级）。

清朝末年，鸦片流入中国后，他们又成了受害者和害人者。他们不仅自己吸食鸦片，也使子女从小就沾染上了烟瘾。一代传一代，连傅家祖屋匾额上的“傅恒太”三个大字都熏黑看不见了。

在我出生前后，住在傅恒太祖屋里的这一房夫妇，就是我的祖父母。他们是太祖的第二房。他们生下一个女儿后，祖母便不再生育，祖父闹着纳妾，祖母不准，便将父母双亡的四房的儿子过继了来，他就是我的父亲。

即便这样，祖父仍坚持要有自己的儿子。祖母拗他不过，只好有条件地同意了。于是花钱从一个贫苦农家寻得一房姨太太，她进到傅家，果然生了一子一女。这两个孩子断奶后，就不准再接触他们的生母，也不准祖父再亲近他的姨太太了。这个可怜的女人失去了子女，也失去了丈夫，所得到的只有我祖母无端的责骂和欺凌。她失去了活下去的希望，上吊死了。

这个家里还有两个苦命人，他们从小来傅家为奴。一个男奴，家人给他取名“兴发”。一个女奴，在我出生前就被卖给一个农民为妻了。

我的父亲叫傅子新（据说“子新”是他的字，他名叫什么，我就不知道了），读过私塾，写得一手好字，在石牌一家大店铺当店员。祖母为他从距石牌镇40华里的旧口镇上的大姓罗家寻得一女成了亲，她就是我的母亲。母亲来到傅家，得到的却是同家奴、姨太太同等的待遇。

祖父母都抽大烟，抽大烟的人向来都是很晚睡觉，早晨睡懒觉。他们快到中午才吃早饭，待到半夜再吃夜宵。煮饭的米放在祖母屋里，她不给米，母亲就无法做饭。母亲、姨太太、家奴都是一日两餐。饭菜做好后，鸡鸭鱼肉之类的好菜都端到堂屋供祖父母、叔叔、姑姑等人享用。母亲等人则留在后堂屋，锅中剩下的饭、锅巴再加上米汤，就成了他们的主食，副食则是一成不变的咸菜。

在这样的环境中，母亲连续生了4个男孩。除了头胎夭折外，其余3个男孩都活了下来。活下来的第一个男孩是祖父母的长孙，他享受到了特殊的优待，可以同祖父母同桌用餐。

1926年农历六月二十七日夜，在一间闷热的西厢房内，母亲又要分娩了。她端了一盆凉水放在自己床边，打算将这个孩子生在水盆里淹死。她不是不心疼自己的骨肉，她也很想让这个孩子和其他孩子一样，顺利地来到这个世界，走完所有人都要走的人生旅途。但是她实在太累、太苦了，她既要烧饭、洗衣、料理家务，又要养育这些孩子。丈夫的工资都交给了婆婆，她不得不用有限的嫁妆来贴补孩子们的花销。她的负担太重，不能再增添孩子了，尤其是不想再要男孩了。幸运的是，父亲这时候回来了，他进门的第一件事，就是将水倒掉，然后请来了接生婆。随着黎明的到来，我顺利地来到人间。

父母发现生的是个女孩，都欣喜万分。父亲踏着晨曦到粉馆（我们家乡天不亮就开业的只有粉馆），买了粉，让伙计端到各亲友家报喜，并给我取名遂心。祖父母得了一个孙女虽然也很喜欢，但他们却从未给我任何优待。

祖父母有了叔叔以后，父亲就受到歧视，于是他产生了离开石牌出去闯荡的想法，只因不忍心丢下母亲一人受罪，而迟迟下不了决心。但在我尚不足周岁时，他还是走了。一去就是五六年，丢下母亲和我们四兄妹。虽然他也给家写信，但信都是写给祖父母的，即便写给母亲的信，也到不了母亲手中。

父亲走后，母亲的日子更难熬了，她变成了这个家庭的女奴，只是为了几个不懂事的孩子忍气吞声地活下去。她的娘家虽近在咫尺，可回去一趟都非常困难。

在我三四岁的时候，她曾带着我们四兄妹回过一次娘家。在我的印象中，未曾见过外祖父母，我猜想他们都去世得早。人们称我母亲为“三姑”，但我也未曾见过她的两位姐姐。母亲有两个哥哥，我也只见过一个舅舅。母亲那次可能是准备在娘家多住一段时间，所以她带我们四个孩子回娘家后，就让我的三个哥哥与三个表哥一起上私塾读书。表哥们喜欢我，有时将我也背了去。他们读书，我一动不动地坐在那听，看他们写字，一点也不捣乱。私塾的老先生也很喜欢我，还给我取了个学名，叫傅兆南（兆字是辈分）。有一次我正听他们读书，肚子突然疼了起来，我忍不住哭了。老先生叫他们赶快送我回家，从那以后，他们就不再背我上学堂了。

我的三个哥哥太淘气，尤其是三哥，以致人们连他的名字都忘了，谁见了都叫他“猴子”。他不仅爬树、上房，连床顶（以前老式的床是有顶的）也上。母亲难得回一次娘家，爱护妹妹的舅舅特意将正房让给我们住。这间正房的床，在当时是很讲究的：床很大，床前有很宽的踏板，踏板两头有坐凳，朱红油漆木雕蚊帐架，架上还镶有彩色雕花玻璃。母亲最大的嗜好就是玩麻将，她回到娘家，天天都去玩麻将。我就坐在她怀里，一声不响地看她玩。有一次哥哥们放学回来，发现房间没人，就玩起捉迷藏来。东躲西藏，最后爬到床顶上将彩色雕花玻璃弄碎了！这下可闯祸了，这张床不知是母亲哪位亲人的遗物，是罗家一宝，想再配到这些玻璃都很难了。母亲一气之下，带我们回了石牌，直到她死也未能再回过娘家。

不过她这次回去不仅又从娘家弄到些钱，可能还被传授了反抗婆婆的妙计。她不再像过去那样大门不出、二门不迈，做完家务，她便出去玩了。她去得最多的地方有两处。一处是邻居朱家。朱家租住傅家的屋，不仅后院是互通的，就连后堂屋和前面的道厅，都有小门可以互通往来。朱家的老当家早逝，由大媳妇当家。公公只管前面店铺的事（以烟草为主的杂货铺），这个大媳妇是个麻将迷，只要

母亲过去，她就会立即邀上一桌。还有一处是母亲的姑妈家。我的姑婆嫁到了石牌的胡家，“胡源盛”也是石牌有名的大商号，商品以糖类和酱类食品为主，也经营日杂。姑婆生有四个儿子，除三儿夫妇早亡，大媳妇不玩牌外，她和二媳妇、幺媳妇都爱玩，母亲一去就是一桌。母亲出去玩总是带着我，我开始坐在她怀里，大点了就站在她身边，或者搬个凳子跪在她身旁。就这样，我很小就学会了玩麻将，她若起身，我会立即顶上去代她出牌。我困了就睡到她们床上，母亲玩完了再叫我回家。不过这种情况很少，只有在朱家玩牌时才会偶然出现。

母亲回了趟娘家，就变得这样不规矩起来。婆婆哪里容忍得了？不知她对母亲说了些什么，可能说了有辱母亲人格的话。于是，母亲一封信寄去了旧口，罗家立即来了几个有势力的人物，吓得祖母赶紧请客、赔礼道歉，并保证不再干涉儿媳的正常交往。

祖父死的时候，我已经五六岁了。父亲赶回奔丧，丧事办完后，大姑（祖母唯一的亲生女，嫁到钟祥县城）带祖母到钟祥县城去散心。到了钟祥不几天，一场瘟疫，祖母命归黄泉。由于是夏天，又死于瘟疫，只好就地埋葬。

祖父母都去世了，于是在大姑和族人的主持下，父亲和叔叔分了家。据说根据祖父母的遗嘱，家产共分四份，即父亲、叔叔、幺姑各一份，还有一份留在叔叔名下，作为他替祖父母超度亡灵之用。幺姑还未出嫁，她的那份，自然也由叔叔管着，因为他是幺姑的亲哥哥。只可惜叔叔婶婶将财产都送给了大烟馆，从未给祖父母烧过一张纸钱。幺姑比我大哥可能只大三四岁。在分家的时候，对将她的财产交由亲兄长掌管，她未提出任何异议，但后来她却为这一安排吃尽了苦头。她后悔没有请求将财产放在我父亲名下，同母亲一起生活，为此，她向母亲哭诉，可母亲又有什么办法呢？

幺姑受了苦，难免有时会流露一两句怨言，只要被婶婶听见，叔叔就会不分青红皂白地将幺姑抽打一顿。他每次打幺姑，都将她逼到床上，用一根比擀面杖还长的棍子，打得她满床滚，求饶都没用，待他的气出完才罢休。幺姑不堪这种待遇，想离开这个家，可她的婆家又迟迟不来迎娶。待她终于出嫁了，她的哥嫂竟一点脸面都不要，一丁点嫁妆都没给她，连她生了孩子，都没去看她，也没给孩子送一点礼物。幺姑因不堪人们的闲言碎语，一头扎死在了水缸里！这是我1962年回家探亲时才知道的。

瞧我大哥那德行，若不是战时儿童保育会救了我，我的命运也绝不会比幺姑好。

据说，父亲名下分了三幢房子，其中两幢已经当出。二十亩地，还有十多亩山地。这点财产，供一家六口人的生活，还要供哥哥们上学，是很困难的。但如果父亲还同过去一样出去工作，这个家庭的温饱还是没问题的。可他却在外面染上了大烟瘾，家庭经济无法供他这样的消耗了，他又再次选择了离家出走。

直到 1980 年，我约父亲回家看看，我们才同时回到石牌，并与二哥三哥相见。1981 年春父亲就病故于异乡，再也没有见到他的子女们。

公婆死了，分了家，自己可以当家了，母亲精神上总算得到了解放。她带着四个尚无劳动能力的孩子，靠这点财产生活，就不得不精打细算，拆东墙补西墙，日子过得很艰难。我记得，我身上的一套棉衣，不知穿了多少年。刚穿的时候又长又大，穿到最后，短的只能勉强遮住肚脐。袖子短得快到胳膊肘了，裤子也短了一大截。衣服破了，棉花已经变黑结成了硬块。我的小腿、小臂冻得通红，鼻涕直流。我是母亲的心头肉，她不是不想给我做一套新衣，而是实在无能为力啊！但她在饮食上，还是尽力改善的。虽然仍是一日两餐，上午仍然吃咸菜或用豆酱（分家后胡家就不断送酱来）拌粥吃。

晚上吃干饭，母亲再困难也要炒个菜。过年过节也一定按当地习惯，哪怕少买一点，也得弄些荤菜来满足我们。同时，我们每天早晨都能得到一个铜板[1]，用这个铜板可以买一根油条或一个红薯、包子之类。总之，各种小吃都能用一个铜板买到一份。

很快，大哥到了当学徒的年龄了，但他被祖父母宠坏了，怕苦怕累、好逸恶劳，干了没几天又跑了回来。母亲再动员他去，他就向母亲提要求，衣服、行李都要全新的，逼得母亲只好借钱来满足他的要求。可即使如此，他干了不几天就又跑回来了。二哥好，十一二岁就被送到旧口做学徒，再苦再累都能忍受，因为他打小只有母亲的疼爱，没有祖父母的“优待”。

我来到世上的时候，男奴兴发尚健在，他很喜欢我，一有空就将我扛在肩上。有一次他去看行刑，

1　即铜币。当时，市场还使用铜币，最小的单位是五十文。两个铜币为一百文，十百文为一吊，十吊为一元。

也将我扛了去，回来被祖父训了一顿，以后就再不带我去了。那是将“土匪”五花大绑，头颈后插一个牌子，牌上写着他的名字。在押往刑场前还给他一碗酒、一碗肉，让他吃饱。在杀他的时候，他高呼：“二十年后，我某某又是一条好汉！”刽子手手起刀落，血会喷得很高很远。兴发是患白喉过世的，他死后，住的房门就被关了。不懂事的我，还总要到他房门口去找他，每一次都被母亲拽了回来。

在我家大厅阁楼上，还住有一位孤苦的老人，据说他是祖母娘家的远房亲戚，我要叫他“舅爹爹（舅祖父）”。这位孤苦老人很喜欢我，常常带我去玩，买东西给我吃。有一天他突然死在这个阁楼里了。他死后我又去找他，自己往楼梯上爬，不知爬了几节，就摔下来了，前额碰破了一道口子。祖父听到我的哭声，赶到大厅将我抱了进来。母亲赶紧端来一盆清水，替我洗去满脸血污，用堂屋祖宗灵前的香灰敷在伤口上，用一块布包扎起来，边处理伤口，边数落我。至此，祖父就让人将梯子搬走了。

我小时候常生病，每一生病母亲就会买一些香烛纸钱去焚烧，替我求那些缠着我的“鬼”放了我。尤其是兴发和舅爹爹死后，她更是常给他们烧纸钱，求他们不要再来抱我，求他们保佑我。在我记事后，又大病过一次。那是在分了家，父亲又一次出走以后的事了。天已经很冷了，母亲做好饭菜端到我们这个厢房来，哥哥们正吃得香，我在昏迷中突然嗅到了醋熘萝卜的香味，便睁开眼睛向母亲讨吃。那一刻，母亲那惊喜的神情是我从来没见过的，令我终生难忘！她连连说：“好了，好了！我的遂儿活过来了，这是老天保佑啊！”看来，这次我病得不轻，以致她做好了我会死去的思想准备。我想，她此时此刻的欣喜一定远胜过发现自己终于生了一个女儿的时候。

我常生病，虽然给母亲增添许多烦恼，但我的勤劳温顺，又给她带来莫大的安慰。我的哥哥们像野马一样，肚子不饿不回家，尤其是我三哥成天在外面打架斗殴，爬房上树。只有我总跟在母亲身边，她捡菜、洗菜，我就跟她学着做。她在灶前烧火，我坐在她怀里，看着她先将茅草点燃放进炉膛，再将木柴一块块地架在上面。火烧旺了，她去弄饭。我马上坐在她坐过的小凳上，看着火。见柴火快掉下来了，我就大叫："妈！快来！柴要掉出来了。"她会立即过来将柴塞进去，再添上新柴。她炒菜我也站在一边看，有时候醋之类的用完了，她就会掏出一两个铜板叫我去买。我拿上钱和瓶子，嘴里不停地念叨："买醋，买醋。"我那时还没有柜台高，走到商店，只好踮起脚、仰着头、高举双手，将一只手中的钱和另一只手中的瓶子递上去。店员装好后，再探出身来将瓶子交给我。但我不是每次都能完成任务的，有时口中念着"买醋，买醋"，走到半路，碰到耍猴的，或打三板鼓之类的，就不由自主地停下来，同人们一起围观。待人群散了，我再看自己手中拿着钱和瓶子，糊涂了。妈妈叫我买什么了？只好又跑回家问：“妈，你叫我买什么？”她就会无奈地说：“我的遂儿啊，你又跑到哪里看热闹去了？”

母亲洗衣我也跟着学，还闹着要她让我洗，可她真让我洗，我又洗不动。她缝补衣服、做鞋子，我也学。我学拿针、穿针，学补衣服……我做坏了，她不责备我，还常常在人前夸我，大家便也都夸我。我听了这些赞扬，积极性更高了。

她不仅口头夸我，还给我物质奖励。我十岁（虚岁）生日时，她给我买了一副耳环，告诉我是金的。她将我耳垂眼上的线抽掉（我很小就被扎了耳朵眼），戴上了耳环。这是我第一次也是唯一一次戴耳环，高兴极了，得意地跑到人前炫耀：你看看我的金耳环好看吧？尤其是在族中堂姐妹们面前，弄得她们羡慕得要命，也要求自己的母亲给她们买金耳环。

但在我又一次炫耀时，被我称之为贵哥的堂兄揭了底。他说：“你别得意了，你那耳环不是金的。”我不信，于是他将我的耳环摘下来，不知用什么磨了一下，果然露出了白银。我又羞又恨，大哭起来。三婆（他祖母）听到我的哭声，赶忙走出来，一边哄我，一边训堂兄，并将耳环替我戴上，还哄我说："别听他的，是金耳环。"但我再也不信了，回家见到母亲，我又伤心地哭了。她一再询问我，我才对她讲了实情。她承认是她骗了我，向我讲述家境艰难，父亲一文钱没寄回家，大哥又那样不争气。她说我是个懂事的孩子，会理解她的苦衷。她表示等我长大了，出嫁的时候，一定给我打一对最好的金耳环。至此，我再也不向人炫耀了。这对耳环我戴了不足两年，上面的金色未褪。母亲死了，戴孝的女儿是不能穿金戴银的，我不记得是谁为我取了下来，也不知这对我一生中唯一的耳环落在了谁的手里。

母亲死的时候我已经十一岁了。那一年石牌镇开始筹办区立小学，取名石牌区立小学，是一所不收费的洋学校。此前，镇上只有私塾，我的三个哥

哥都在私塾读过书，当然，大哥读书的时间最长，写得一手好字。在那个年代，我虽是受宠的女儿，读书也轮不到我，更何况家庭经济条件也不允许。现在有了不收费的学校，我就向母亲闹了，吵着要上学。其实，母亲也不是那样封建、古板的人，她也知道识字的好处，既然不收费，自然也就不反对我上学了。她还将自己的黑绸裙和一件浅蓝色的布衣为我改做了一套校服，让我穿上去报名。可惜的是，我只读了不足两个月就失学了。

那是一个夜晚，母亲和我已经睡了。三哥不知在哪儿，二哥在旧口镇当学徒，大哥睡在东厢房。堂屋的正房，东边住着叔叔婶婶，西边住着姑姑。母亲从嫁到傅家起，一直住西厢房，这间房子可能有 20 平方米，陈放了她陪嫁来的满房家具：一张双人床、一个大衣柜、重叠放着的四个小衣柜、四个大红木箱、一个书台、一张方桌、一个梳妆台，以及几把椅子。这样，剩下的空间就不多了。

我睡得正香的时候，被大哥和母亲的争吵声吵醒。母亲又在劝大哥出去工作，大哥不仅不听劝，还大肆数落起父亲的不是。其实，母亲对父亲也有看法，但那些话从她嘴里说出来可以，从儿子嘴里出来是绝不允许的。对儿子这种大逆不道的行为，她哪里忍受得了，气极了，头突然大痛起来。母亲曾有头痛的病史，却从未像这次痛得厉害：她在床上翻来滚去，头在床架上碰得咣咣响。我吓坏了，大哥也吓坏了，赶快向她赔罪，却一点用都没有。已经半夜了，石牌那个时候没有任何的医疗机构，去求告谁呢？我们傻呆呆地像木头人一样，眼睁睁看着母亲在那儿翻腾碰撞。这段时间是那么漫长，我急切地盼望她的疼痛赶快过去。等了许久、许久，她总算慢慢平静了，我也倒在她身边睡过去了。当我醒来的时候已经是上午了，母亲闭着眼半卧在床上。她给了我一个铜板，叫我洗脸后上街买点东西吃，并去将四婆（我父亲是从四房过继来的，四婆可能是父亲的继母）请来。我将母亲头痛的事告诉了四婆，她随我一同来到母亲身边。母亲告诉她自己眼睛痛、睁不开，四婆掰开母亲的眼睛一看，发现双眼血红。她说是上火了，用舌头舔舔就好了。于是她每天都来替母亲舔眼睛。这土法子还真有效，眼睛的血红果然逐渐消退了，可就是一只眼睛再也睁不开了。

我在钟祥城中的大姑夫妇都相继去世了，他们的大儿子，也就是我的表哥，在石牌一家大商店当店员，他经常利用休息时间来看望母亲。虽然叔叔是他的亲舅舅，他们又都住在一起，但他却从不到他们房中去，不论遇到什么事都会告诉母亲，征求母亲的意见。他工作表现好，受到老板的器重，老板要将他们的独生女儿嫁给他。由于女方的母亲病重，她要亲眼看着女儿出嫁，表兄就来求母亲为他操办。母亲头痛虽好，但元气大伤，又有一只眼睛睁不开，不便见人，但表兄坚持请她过去，表示任何事情都不要她做，只请她照看一二。盛情难却，母亲只好带着我去了他家。

在迎亲的头天夜晚，堂屋正在宴请媒人。正东房是新房，母亲带我住正西房，母亲叫我睡觉，我还想看热闹，迟迟不愿躺下。她突然说心里难受，要我拿一片猪肝给她嚼。请客用的食物都放在这间屋里，我随手拿了一片，转过身来，就看见母亲呼呼地直往外吐白沫。我吓得丢下猪肝跑到房门口大声喊叫，人们立即冲进门来，其中一个媒人懂医，他掰开母亲的眼睛看了一下，就说不行了。表兄叫我赶快回家开门，我从母亲口袋里取出钥匙就往家跑。叔婶都是大烟鬼，他们向来睡得晚，我到家时他们还在吸大烟，一边来开门一边问我为什么这么晚了还回来。我按那个媒人的话说："妈不行了。"他们说人死了是不能抬进家门的，不给我开门。"谁说人死了？是罗大妈病了。"后面抬母亲的人高声说。叔叔只好打开了门，我赶快进去打开房门，点了灯，母亲紧跟着被抬了进来。不知消息怎么传得那样快，只见堂屋、天井都是人，四婆也来了，她让哥哥和我赶快叫妈，不要让妈走了，我拼命地大叫：“妈!”母亲一点反应都没有。我摸摸她的手臂，体温渐渐凉了，我知道母亲死了，却不知道她的死会给我带来何等悲惨的命运。

我当时就知道害怕，我想躲开。四婆拽着我，同她一道坐在靠门边的长板凳上替母亲守灵。我小时候听了太多的鬼故事和诈尸的故事，我害怕母亲也会诈尸，因而紧紧地靠在四婆身上不敢再看母亲一眼。其实，母亲并不可怕，她很安详，像睡熟了一样。不知过了多久，我竟靠在四婆身上睡着了，待我醒来时，天早已大亮了。族人们都来了，叔叔正指挥大哥筹划办丧事的费用。因为家里仅靠两栋出租房屋（分家时，本有一栋是已经当出的，父亲变卖了分得的田地将当出的房子赎了回来）维持生计，现在母亲突然走了，上哪弄钱来送她呢？在那个年代，尤其是我们这样在当地有名望的破败大家族，再穷也要装门面，丧事是不能从简的，更何况母亲是我们一房的长者。她比父亲大两岁，在当地算是有些身份的人。他们商谈的结果是将位于镇政府对面，处于石牌最繁华地段的一栋前为店面、后为住家的房屋卖了，为母亲购置上好的棺木，穿上绫罗绸缎赶制的寿衣、寿鞋。棺木停放在堂屋正中许多天，多次做法事以超度母亲的灵魂。那个时期，家里热闹极了。送葬的规模也很壮观，三个儿子披麻戴孝，后边还跟着许多叔侄晚辈。我是坐着轿子去送葬的，我人小轿轻，轿子晃得厉害，只能紧紧地抱着一根轿棍，以防被甩出来。丧事办得轰轰烈烈，十分隆重。

丧事办完后，人们都走了，家里一下子冷清了，只有一远房族姑留了下来，她是一个终生未嫁的老姑娘。她将母亲的遗物做了清理，找了几件我戴孝三年都能穿的衣服，为我改了。我记得有一件蓝缎子棉衣和一件浅蓝色布罩衣，我一直将它们穿到了保育会。

族姑不久也走了，我试图担当起家庭主妇的重担：按母亲做饭的方法将饭菜做好，端出来给哥哥们吃。大哥却突然大发雷霆，训斥我被母亲宠坏了，连饭都不会做，长豆也煮不熟，还要冲过来打我，被幺姑挡住了。在对待我的态度方面，我的三个哥哥是一致的。母亲在世的时候，他们不敢打我，背着母亲就骂我。我委屈极了，这才意识到，母亲死了，最苦的就是我了。我越哭越伤心，这是母亲死后我流泪最多的一次。第二天，我和三哥就被送到旧口镇的舅舅家。

舅舅的三个儿子都已成家，我去了就跟两位表姐睡。大表姐替我洗头洗衣服，处处照顾我。舅舅家的杂货铺生意已经不行了，他整天坐在店堂一言不发，舅妈也总是长吁短叹。我虽不知天高地厚，但看到这种情景也知道远远躲开。我们在舅舅家住了不到一年，舅舅家眼看着无力维持下去了，他们就将大哥叫到旧口同大表姐完婚，据说他们是双方的母亲指腹为婚的。由于我们家已无财力，一切就都由舅舅包办了。

婚后，大哥带我们回到了石牌，可没有收入，吃什么呢？大嫂经常为此事发愁，经常同大哥吵闹。大嫂一生气，大哥就骂我，拿我出气。我不敢再同他顶嘴，只好躲出去。躲出去总不能一直挨饿吧，我看见在隔壁朱家撕烟的女孩也都同我差不多大，于是我也去撕烟叶，一天可得两个铜板，就用它们买食物充饥了。无烟叶撕的时候，我就到茶叶店去摘茶叶。当然，回家看到有饭我也会去吃，就这样半饥半饱地混日子。

1939 年初春，战时儿童保育会到石牌收容难童。我弄到一张传单，虽然上面多数的字都不认识，但也能大致懂得传单的内容。知道进了保育会有饭吃、有书读，我欣喜若狂，邀上了同年的堂妹傅慧君去报了名，不几天就离开了石牌。

等我再次回到故乡，已经是 23 年以后了。

在金剑山直二院[1]

1939年春，我的故乡——湖北省钟祥县石牌镇，这么一个交通闭塞、贫穷落后的集镇也不可幸免地遭到了日军飞机的狂轰滥炸。手无寸铁的百姓为了躲避轰炸，每天天不亮就往乡下跑。

所幸，此时传来了战时儿童保育会收容难童的消息。我欣喜若狂，当即约了同龄的族妹傅慧君去报了名，毅然辞别了生我养我的故乡。那年，我13岁。

记得那次我们全镇共出来12名儿童，同其他集镇的孩子会合起来约30人。孩子们在一个青年人的带领下向荆门行进。孩子们大小不齐，大的还能走得动，小的就很困难。一路上不得不走走停停，抵

1　即战时儿童保育会直属第二保育院。

达荆门附近的一个小客栈时，已经是深夜了。第二天改乘一辆卡车到达宜昌，车子尚未停下，就发现人们满街乱跑。我们懂得是敌机来了，大家跳下车也跟着人群跑。我们跑进一座教堂，失魂落魄地挤坐在一起。结束警报后，我们跟着人群往外走，出门不远就看到了给我们带队的人。他很快将孩子们集中起来，吃了一餐粥，就带我们到码头上船。船上已先到了很多人了，当时天已黑了，加上两天来的奔波劳累，我们一个挨一个地倒在甲板上就睡着了。第二天醒来，我发现满头满身都是煤炭灰渣。大家大眼瞪小眼，一个个都好像是从煤炭灰渣中爬出来的一样，抬眼一看才知道煤灰是从烟囱中跑出来的。打掉它，它很快又爬满全身。一连几天几夜我们都是在烟熏和煤灰中度过的，船顶无水洗脸、洗脚，更别说洗澡了。

到达重庆天已黑了，船上不再供应晚餐。当时的临时保育院在朝天门万寿宫，我们到后等了很久，又饿又困。最后总算等来了一大桶稀饭，每人抢了一碗填填肚子，就到划分好的地铺上睡了。第二天一早我们就被叫了起来，排队去躲警报，一躲就是一天。中午每人发一个大饼充饥，晚上回来又是一顿稀饭。就这，吃慢了也休想还能吃上第二碗。我看见有些孩子盛了第一碗，就边吃边到后面去排队，我也跟着学，装上一碗就去排到队伍后面。边跟着队伍往前走，边转着碗边快快地喝，待走到饭桶前，我碗中的粥也快喝完了，就能再添上一碗。当然，若要碰上一些淘气的大男孩，我是根本吃不上第二碗的。

在重庆停留两三天后的一天黎明，我们被带下码头，分别上数只小木船，沿嘉陵江逆水而上。当天下午船靠白庙子码头，爬上很陡很高的台阶，上到山梁，乘天府煤矿运煤的小火车，开到终点站。下车后走不算远有一座山，名为金剑山。金剑山上有座庙，称金剑庙，它就是我们战时儿童保育会直属第二保育院几百名儿童的家。

我同其他的孩子们一起来到了这个家，带领我们来的郑金章先生担任我们的保育主任，他是一位热心于保育事业的好老师。院长姓汪名学箴，是一名基督教徒。

我们到达二院后，即让男、女生排队，划分为十个中队。女生为一至三中队，男生为四至十中队。女生三个中队都住在大殿右侧一个小门进去的三间小屋里。地板上铺了薄薄一层稻草，每人发了一个水杯，喝水、刷牙两用，一把牙刷、一条毛巾。每天早上整队到山下一个水塘里，用积蓄的雨水洗脸（洗脸、洗衣、做饭全用它）。内务要求很严格：水杯、牙刷、毛巾都要挂在一条线上，床单很大，要一条接一条铺在地铺上，孩子们一个挨一个睡在一起。经过一夜的翻腾，早上醒来往往发现自己都睡在草上或地板上，床单却被揉成了一团。值日生必须把床单铺整齐，将全部的草盖严，床单上还不能留有褶皱，这可苦了值日生了。宿舍收拾整齐后，一整天都不许人进入。

刚到金剑山的头几天，给我印象最深的是饥饿。上山的头天就等了很久，天黑了才吃上饭。饭是直接将蒸笼抬出来放在地上，里边放几把木勺，孩子们排队去装。然后围在地上，八人一圈，中间放一盆菜，老师们都来维持秩序，不像在临时保育院抢饭吃，还能吃饱。在这里一连许多天都是早饭拖到中午，晚饭拖到天黑。每次排队进入饭厅都得等很久，由于饭迟迟不来，老师就教唱歌。肚子饿得咕咕叫，也只好跟着唱。等到饭来了，饿过了头，又困了，勉强吃几口就回宿舍睡觉，那时候是没有任何照明设备的。

不几天就编班上课了，不过始终是上午上课，下午劳动，比如下山搬煤、米、菜等生活用品，打扫卫生等。再就是听布道、唱赞美诗，星期天是雷打不动的传教活动时间，饭前、睡觉前都要作祈祷。

随着天气渐渐热了，又增加了一项打苍蝇的任务，打死的苍蝇都要收集起来。晚饭前集合训话时，各中队打的苍蝇，都要排放到老师训话的台阶上，打得最多的受表扬，打少了则受批评。十中队的小男孩最积极，连打死掉到粪坑里的苍蝇都会捞起来，所以他们的成绩往往名列前茅。

由于营养差，孩子们的体质下降了，加上天气渐渐热了，夏衣尚未发下来，身上仍然是从家中穿出来的冬衣。身上的虱子、地铺上的跳蚤、白天的苍蝇、夜晚的蚊子都一齐向我们袭来，许多孩子生病了。为了保持宿舍的整洁，生病的孩子都被要求睡在为菩萨唱戏的戏台上。吃、睡、拉都在那上边，原来的阶梯口变成了大小便口。送饭的人则从戏台正面放一架梯子爬上去。

我也不能幸免地生病了，但我不愿上戏台。我当时并不懂得生各种疾病的人放在一块儿会交叉感染，我是怕鬼，听说已经死了很多生病的孩子，我不敢上去。但又不能睡在宿舍，我只好躲在女厕所。那时的女厕所就在女生宿舍的下边，厨房那一排房子的右侧，那地方后来被改成了男生宿舍。

我寻了一块小木板，放在又臭又潮湿的粪坑边上，蜷曲着卧在那儿。至今我也不知那时害的什么病，只感到浑身无力，头晕眼黑，根本不敢睁眼，睁开眼就天旋地转，恶心想吐。我只好紧闭双眼，像死人一样卧在那儿，失去了白天和黑夜的概念。堂妹傅慧君给我端来饭，我也只能闭着眼吃，晚上再跟着她回宿舍睡觉。不知过了多少个白昼和黑夜，我竟奇迹般地不治自愈了！可就是左耳再也听不见了。（新中国成立后经检查，系耳神经坏死，我成了一个终生的半聋人）

我一病刚好，又一病缠身，我的双眼突然红肿得像核桃般大。这时，宿舍已划出一块地方给病号睡了，不用上戏台，更不用躲厕所了。可是，上厕所就远了。我的眼睛睁不开，看不见路，只好用手将眼睛掰开。光线射得我眼睛疼痛难忍，泪水直往下流。我又不分白天黑夜地躺在地铺上了。白天，同学们都走了，我迷迷糊糊睡大觉。到了夜晚，我就同蚊子、跳蚤、虱子、臭虫战斗。开始，总也打不到蚊子，慢慢地，我学会了一动不动地让它停稳，在它吸血的瞬间轻轻一击，就能十拿九稳地消灭它。同时，我也学会了摸虱子、跳蚤、臭虫，但摸到后却很难掐死它们，往往都让它们溜掉了。我将这一情况告诉了同学们，她们为我找来了一个很小的瓶子，这样，我每摸到一个就往瓶中一塞，第二天交给同学们去处理。有一次她们数了数，足有 45 个跳蚤、6 个虱子、2 个臭虫！当时，我还真为自己学会了这一本事而自豪呢！

在一次上厕所回宿舍的路上，我碰到了罗先生（因为我一直在生病，原本不认识他，据说他是学过医的），他发现我的眼睛红肿成那个模样，当即将我的双眼掰开来看了看，带我到伙房门前的空地上，架起一块木板，让我躺在上面为我冲洗双眼。第二天，他又上山采回许多草药煮了一盆水，让我趴在盆上，用一块大床单将我的头和药水盆盖严，并告诉我，只有用这种蒸气熏，才能治好我的眼睛。我被熏得又热又闷，呼吸困难，但为了治好眼疾仍坚持照他教的做。熏完后，他又一次替我冲洗了一遍双眼，我顿感眼睛舒服了许多。第二天，我正等待他再次为我治疗的时候，却传来了噩耗：罗先生半夜阑尾炎发作，送到北碚医院抢救无效去世了。

阑尾炎手术就现在来说是极普通、极小的手术，任何一个小卫生院都能完成。哪有死于此病之理啊！可在当时，它却夺去了罗先生年轻、宝贵的生命。我们的许多同学也都因此丧命，因为我们当时都吃稗子、沙子很多的糙米，孩子们又狼吞虎咽，导致阑尾炎也成为我们难童的常见病和多发病。

由于罗先生的突然去世，我失去了治愈眼疾的机会。虽然眼睛红肿慢慢退去，但视力却几乎丧失了！人们走到我面前，我都看不清对方的面孔，坐在教室第一排仍看不见黑板上的字，从此，“瞎子”的绰号就落在了我头上。我虽然几乎失明，但却常常怀念罗先生这位令人尊敬的好老师。是他不顾炎热、劳累，上山为我采药；是他不嫌我又脏又臭为我治疗，我才能保存这一线光明！不光是我，我们直二院的许多孩子都怀念他，他的确是一位舍己救人的好老师。

天热了，我们从家里穿来的衣服实在无法再穿，直二院给每人发了两套夏装。女生是绿色短袖夏布衫、咖啡色短裙，男生为绿色短袖衣、咖啡色短裤。这两套衣服我们一直穿到深秋，每人又发了一套毛蓝色土布单衣，不久又发了一套高粱红带白条的布夹衣，大家仍冻得浑身发抖，手脚通红，一下课就跑出教室又蹦又跳，借以取暖。直到深冬，每人才领到一件棉大衣，同夹衣是一样的布，它伴随我度过了六个寒冬，直到 1945 年我离开十五中学，投奔解放区时，才舍弃了它。脚上的草鞋也换成了草窝子（用草编制成的鞋子），我们一个个红肿的双脚得到了一些温暖。睡的地铺也改成上、下两层的大通铺，被子虽然又小又薄，但每人都发了一条。吃饭也有了饭桌，是竹编的小方桌，还是八人一桌，但早已按时开饭，也管吃饱，就是顿顿都吃空心菜，油水少，大锅煮出来很难闻。我自己眼睛看不见，同学们常从菜中夹出一条条“地老虎”（四川人俗称“土蚕”的一种灰黑色昆虫），不注意就同菜一齐下肚。因为餐餐都吃空心菜，同学们为了改改口，就自发地早餐称它空心菜，中饭称它藤藤菜，晚餐叫之蕹菜。待到天冷了，就变成顿顿都是牛皮菜了，这种菜大锅煮出来黑乎乎的，很难吃，老百姓都是用它喂猪的，可它却成了我们难童的唯一佳肴。

在受教育条件方面，也得到了改善。将初上课时的每班分一块地方，席地而坐，听老师授课，趴在地上写字，改成每班一间教室，两人合用一张课桌、一条课凳。这是我眼疾消炎后去上课时发现的。

1940年的春天来了，也迎来了新院长段超人（据说直二院条件差，死孩子最多，被反映到保育总会，李德全妈妈来视察后，立即撤换了汪学箴院长）。随之而来的是新的老师、新的变化和新的气氛。段院长致力于孩子们德、智、体全面发展，除要求我们读好书，还要求我们参加一定的体力劳动，如下山搬运生活用品（当然这是建院时就始终坚持的）、修理操场等，并将汪院长在任时就已开展的大哥哥、大姐姐每人帮助一个小弟弟、小妹妹的活动，开展得更有声有色了，发扬了孩子们相互帮扶、团结友爱的精神。在伙食方面，主食未变，副食却有了很大的变化，还能吃上土豆烧榨菜。我第一次吃土豆烧榨菜时，是多么高兴啊！以后，每当我肚子饿了时，都会想起土豆烧榨菜的味道，口水就不自觉地流了出来。此外，像萝卜、白菜之类也经常吃。每周还能吃上一两次肉，且次数还不断增加。住的方面则将大通铺改成了单人双层床，我们再也不会为某某人多占了铺位而发生口角了。随着生活条件的改善，生病的孩子也越来越少。原来住病童的戏台被改成了卫生所，孩子们生病了可以去看病，还设有床位供病童休息。1941 年春夏之交的一天，睡到半夜我突然鼻子大出血。我小时候就有鼻子出血的毛病，可从没像这次严重，以致被送到卫生所去止血，并在卫生所休息了几天。

段院长有一位朋友姓朱，是一位有名的眼科大夫，她来直二院义务为我们全体孩子检查眼睛。她掰开我的眼睛一看就惊叫起来，当即告诉卫生所的医生给我猪肝吃，说是必须每天吃猪肝才能治好我的眼睛，还有一些患夜盲的孩子也需要吃猪肝。于是，规定我们每天上午课间休息时，到卫生所去吃猪肝。方法是将猪肝切碎，待锅中水烧开丢进去，不放任何油盐调料，连汤带肝分给病童一人一份。由于患夜盲的孩子好得快，猪肝很快就停止供应了，我只好每天早晨到卫生所领一个鸡蛋打到粥里吃。不久鸡蛋也没了，就给我每天几滴鱼肝油，继而又改成了牛肉汁，这牛肉汁可难吃了。这些治疗加起来可能有三个月，后来就停了。我的视力也随之逐渐恢复，尤其是左眼的视力已完全恢复。

1959年我到北京同仁医院检查，才知道双眼都长有斑翳，就像生疮以后落下的疤痕一样，不过左眼在瞳孔的下方对视力影响不大，而右眼却在瞳孔的正中，故视力只剩0.1。如果那次的治疗时间能更长些，斑翳可能会大部或全部褪掉。当然，我已经很满足了，所以我对罗先生、段院长、朱大夫有着比其他孩子更深的感激之情，是他们挽救了我的双眼，是他们给了我光明。

随着物质条件的改善，院内的精神生活也发生了质的变化。学习氛围更浓了。设立了图书室，高年级的同学都去借书看。我在家乡念了两个月小学，编班上课时，因我会写自己的名字，被编到二年级。

但我 1939 年大部分时间都在生病，病后眼睛又几近失明，直到 1940 年下半年，我才升到三年级。我很羡慕同学们课余时间能到图书室借书看，决心勤奋学习努力赶上去。于是，除固定上老师每天教的课程外，我设法借来四、五年级的数学课本，躲在操场旁边的一个一米大小、半米深的四方形土坑里学习。首先看懂试题，再照例题将课本中的数学题一题题作出来，再请老师或高年级同学批改。此外，我对自己无法看图书室的书仍不死心，听同学们说《大众哲学》很容易懂，我就去借了来，边看边请教同学或老师。同时，语文老师还常常离开课本，自编教材或从《新华日报》上摘选一些有教育意义的进步文章传授给我们。给我印象最深的是袁建林先生给我们上了一课“边区生活素描”，从那时起，我对边区就非常向往。俞乃善先生搞地下工作时（前些年在北京听段院长说俞先生当时是中共江北县委书记），也曾几次带我下山到白庙子、文星场等地为他同人接头、开会望风、放哨。我那时还不懂革命是要付出血的代价的，只觉得很光荣、很神秘，这些成了我踏上革命征途的起点。

同学们和我一样接受了革命的启蒙教育，大家的精神面貌都大大地改观了。抗日歌声此起彼伏，每逢节假日我们都会开展歌咏、舞蹈、短剧等演出活动。袁燮先生不但歌唱得好，还会谱曲、作词，直二院的院歌就是他创作的。同学们在一起不是讲战事，就是谈论解放区人民的生活和战斗故事，甚至还会讨论起唯物论和唯心论的对立统一问题来，其实那时我们对哲学根本就一窍不通。正当我们沉浸在这一甜美的境况中时，1941 年的夏天，突然传来令人沮丧的消息，保育院要并院了。直二院只留男生，女生要分到直三院和直一院。我被分到合川直一院，我多么不愿离开直二院啊！可是有什么办法呢？我只好抱着去看看再说的想法，依依不舍地离开了直二院。到直一院后，才知道直一院也是才改组，原来的院长、老师都走了，接替他们的据说是国民党教官。一日三餐也能吃饱，伙食的质量也不亚于直二院。在编班的统改中，我还由三年级直接升到六年级，学习成绩还在全班的中上游。但是，到达后教官的第一次训话，就把我们镇住了。他警告我们必须规规矩矩、老老实实地专心读书，不得谈论国家大事、擅自外出等。院内整天死气沉沉，我感到压抑并深深地意识到，我已不能在这种使人窒息的环境中生存了。

于是我想逃！但我身无分文，又怎么逃呢？正当我极度苦恼时，同班同学周志兰、张万凤流露出她们也想逃的念头，她们有一点钱，可以到江边乘船。我们制定了周密的计划，统一了万一被抓回的供词，冒着挨打、关禁闭或被开除的危险，在到达直一院刚刚一个月的夜晚，偷偷从床上爬起来，假装上厕所，一个个溜了出来。我们向嘉陵江边快步跑去，到了岸，雇了一只小木筏，向下游划去。开始，我们怕回直二院不被收留，就先到紧邻白唐子的黄桶桠蚕桑系的蚕厂去做工。因为罗顺英、陈新芳两位年龄较大的同学，在并院前已经在这儿做工了。但这种出路并不是我们所要的，于是我们又第二次出逃了，罗顺英、陈新芳还为此受到了厂方的严厉批评。

那天，利用工厂假日，我们三人回直二院看望院长和老师，受到他们的热情接待，让我们在老师食堂共进午餐，询问我们离开直二院后的情况，我们一一禀报。老师们一致认为我们应当继续读书，不要过早地进工厂而失去了宝贵的学习机会。

我们当即请求段院长收留我们，允许我们留在直二院继续学习。院长和老师们都非常同情我们，可是，直二院不收留女生是上边的规定，而且留下我们也无处安置，这确实是一道难题。

后来经过商议，段院长决定承担风险，破例将我们收下，让我们上午跟班上课，下午在卫生所当

卫生员，住在卫生所跟女医生学习，我的一点儿外伤知识就是在这里学到的。这时的直二院生病的孩子很少，主要是因顽皮而造成的一些小外伤，因此我们的工作也就是叠纱布、做棉签等（卫生所还雇有一个女工，负责这些工作及消毒搞卫生等）。

伤者来后我们就为他们上药、包扎伤口。给我印象最深的有两个小同学。一个是被老师抓住送来的。他的伤口已经腐烂却还躲在宿舍，臭气熏得别人受不了，叫他到卫生所治疗他不听，只好由老师强行送了来。他的小腿正前方烂了一大块，还有一块腐烂的肉挂在上边，据说是被狗咬伤的，奇臭无比。医生叫我去处理，她给了我一条手帕，要我将鼻子嘴蒙住。她站在远处指导，要我先将挂在腿上的那块腐烂了的肉用剪刀剪下来，再用高锰酸钾水一遍又一遍地擦洗伤口，将已腐烂了的肉刮下来，然后用浸在高锰酸钾水中的纱布块敷在伤口上，再包扎起来。我虽然用手帕包住了嘴鼻，恶臭仍阵阵钻入我的鼻腔，使我恶心想吐，但我还是遵照医生的指导做完了。以后，这孩子按照医生的嘱咐天天来换药了，我每天替他换药，眼看他腐烂的肉一层层掉落，露出了红肉，伤口由深变浅，直到渐渐愈合。还有一个同学常生疖子，有次他的后脑正中长了一个很大的疖子，医生也让我去处理。他的疖子被打开后，我发现脓很多，就按医生的指导，先将脓挤出来，清洗后再将浸在高锰酸钾水中的纱布条一条条塞进去。他这个疖子真大，挤出了不少脓液，纱布条塞了一条又一条。左、右、上、下都得塞满，痛得他乱叫。可没办法，我还得照医生的意见操作。他也是天天来换药，我每次都要从他的伤口内将一条条吸满脓液的纱条取出来，清洗后，再塞进新纱条，这样一次又一次，脓液由多到少，渐渐消失。后改用硼酸水浸泡的纱布条，慢慢地，随着他新肉的生长，纱布条越塞越少，直到完全愈合。由于为这两个同学换药，他们的伤又比较奇特，同时他俩的性格截然不同，前者自始至终一声不吭，后者则唠唠叨叨，故而给了我很深的印象，可惜我未曾记住他们的姓名。我相信这两位同学一定都还健在，而他们对自己当时的伤痛也一定记忆犹新。

1942 年春，直二院被解散了，男生自有分配，而我们三个女生却无处安身。段院长还因为收留我们受了上面的批评，但她还是请求保育总会将我们送到了重庆万寿宫临时保育院。同年夏，周志兰去了白沙女中，我虽也考取了白沙女中，但还是觉得同保育生在一起生活好，于是留在了十五中学。与张万凤则失去了联系，不知她去了何方。现在，我同周志兰又联系上了，仍不知张万凤的下落。

我永远怀念的王玉珍姐姐

1942 年春，直二院被解散了，在段超人院长的帮助下，我和周志兰、张万凤总算被安排住进了重庆万寿宫临时保育院。这里的孩子不多，都是各保育院的学生，因各种情况临时住下的。有两位老师，女老师姓胡名拓新，可能患过小儿麻痹症，留有一点残疾。男老师姓张，瘦瘦的个子，戴一副深度的近视眼镜。两位老师待同学们都非常和蔼，也非常关心同学们。

由于家境贫寒，我自幼就缺乏营养，身体瘦小。进入保育院后，1939 年又多半在病中度过，1941 年鼻子还大出血一次，以后虽未生病，但看起来仍然脸色蜡黄。两位老师说我贫血，便将他们少得可怜的工资给我一些，叫我去买一瓶铁剂，说是喝了它可以补血。我拿上他们给的钱，和一位好心的同学，即我永远怀念的好姐姐王玉珍一起上街购买。

重庆这座山城，即使是跑汽车的大马路，也是上坡下坡的多，很少有平路可走。我左耳早聋，又生性急躁，走起路来风风火火。在买药回来的一段下坡路上，我被从背后冲下来的黄包车撞倒在地上，药瓶打碎，玻璃碴扎满了我的右手，鲜血直流。幸好王玉珍姐姐拦住黄包车夫，将我送到红十字会医院，在那又遇到一位好心的医生，他当即让我躺在一张平台上（那个医院可能设有手术室），将我的右臂固定，开始替我取玻璃。我疼痛难忍，他立即令人为我施行全麻，并耐心细致地将大大小小的玻璃碴一一取出。为了寻找玻璃碎片，他不得不将伤口划得更大些、更深些，手术从上午做到下午，待我被抬回保育院的时候，天已经黑了。

后来我才知道，在我开始手术后，玉珍姐就赶到保育院通知老师。老师和许多同学都赶到了医院，听到我的尖叫声，他们就向院方交涉再加麻药，前后用了三次麻药才将手术做完。

手术做完后那位医生对老师说："三天内不发烧就没事。"这就是说，如果在三天内发烧，我的小命就难保了。因为在当时抗生素既昂贵又奇缺的情况下，身为保育生的我是根本用不上的。

两位老师设法为我腾出一间小房，用行军床架了一个铺（因为是地板，住楼上的女生都睡地铺）。头三天，他们每天都来看我，摸我的头，我知道他们是担心我发烧。王玉珍姐姐和我同住，她主动承担起照顾我的任务。她为我端水、端饭，耐心细致地照顾我。所幸三天内我没有发烧，七天后玉珍姐陪我到医院去拆线。她直接找到了为我手术的医生，伤口打开后，我才发现我的整个右手掌和五个指头都受了伤，横七竖八地缝了许多针。医生细心地将一针针缝线拆了下来，用消毒棉球擦拭后又替我包

扎好，并嘱咐我过几天再到医院来看看。

我按他的嘱咐又去了医院，未能找到他，却被护士赶进了换药室，换药室的小姐将我的伤口打开擦洗了一下又包上了。我对换药室的处理不放心，第二天就又去了医院，走进过道就被护士往换药室赶，我磨磨蹭蹭地不进去。一会儿，我看到了为我手术的医生，赶紧向他走去。他将我带进了他的工作室，我将前一天在换药室的情况告诉了他，他当即打开我的伤口，发现有少量黏液，即用碘酒对伤口作彻底清理，并告诉我换药室的消毒工作很差，叫我再不用到医院来了，也不能沾水，待伤口完全长好后才能解除绷带。

我衷心地感激这位医生，他以自己的精湛技术和无私奉献的精神，使我死里逃生，我的伤口在他处理后再没有发炎并渐渐痊愈。随着岁月的流逝，满手的疤痕渐渐变浅、变小，有些甚至已经看不到了。

由于我是个穷保育生，身无分文，连一束鲜花都未曾送给他。想写封感谢信，又苦于自己文化水平太低，再说我连他的姓名都不知道，又如何写信呢？但我却从他的身上明白了对工作精益求精、为人民奉献的优良品德是多么可贵！

我的伤很快就好了，升学考试也临近了。玉珍姐同我一样也要投考初中，我们都弄到一本《升学指南》。我是从小学三年级直接跳到六年级的，而这学年又由于从直一院逃跑出来，以及直二院的解散，实际上接受老师授课时间很少。我基础这样差，能否考上实难预料。于是，我又采用在直二院补习四、五年级数学的方法，在尽力看懂例题的基础上，作《升学指南》中的数学题。

玉珍姐要我教她，我也只能教她我的方法。她要我讲，我讲不出来。她生气了，骂我忘恩负义，骂我自私。我向她解释她不听，不再理我了。我痛苦极了，我知道自己非常对不起她，是她的无私照顾，我才得以恢复健康。她为我荒废了学业，而我却无力帮助她通过考试这一关，我既感到万分羞愧，又有说不出的委屈。

她没有上十五中学，我失去了同她的联系，但每抬起这疤痕累累的右手时，我都会想起她。她的音容笑貌深深地刻在我的心里，还有那位受人尊敬好医生和两位热心于保育事业的好老师，他们都是我遇到的好人，我永远怀念他们！

到中原解放区去

我是保育生，是战时儿童保育会所拯救的3万多名难童中的一员。

1939年春，我被分配到重庆北碚白庙子金剑山直属第二保育院。该院的第二任院长段超人，是一位进步人士（现在得知她当时就是共产党员），随之而来的教职员也多是共产党员或进步人士。我和许多同学都受到他们的影响，十分向往革命，向往解放区。有几个同学1941年小学毕业后就到新华日报社工作了。我于1942年小学毕业进入十五中学后，遇见了我的恩师赵琈艇，她担任我们的班主任兼数学老师。

1943年春，十五中学由永川县洪炉场迁往荣昌

县白象山。不久，我发现自己偷看的禁书《母亲》（高尔基著）不见了，十分害怕，又不敢声张。正焦急不安时，赵老师找我谈话，告诉我书在她处，叫我不要害怕。至此，我才知道她也是一位进步人士。她 1938 年就加入了共产党，只因几度向后方转移而与党失去联系。这些都是我后来才知道的。经过一段时间的考察，赵老师选了几个思想比较进步的同学，定期组织我们在她房间聚会，读书报、办小墙报等。在暑假到来时，她给党组织写了一封信，由我送到重庆化龙桥化龙新村新华日报社。因我每逢暑假都会到在该社工作的同学处玩，并顺便带些书报回学校。从此，她同党组织取得了联系，她对此向往已久，这从她的言谈中我早就感受到了。1945 年夏，她积极响应党的“到解放区去”的号召，和她从敦煌赶回重庆的丈夫张民权老师（曾担任过十五中学总务主任），一同到新华日报社。他们受到宋语平（即宋平）同志的热情接待，宋语平同志还向他们交代了去中原解放区的线路和接头暗号。

当时我参加完毕业考试，赶到重庆与赵老师碰头。因为经济拮据，他们一家住在重庆南岸一间又热又闷的小阁楼里。我留下了自己所住的重庆上清寺临时保育院的地址，就离开了她。我本当去歌乐山保育院一趟的，因为该院的几位老师曾主动表示过为我凑一万元法币做路费，但我又怕错过了出发时间而不敢离开重庆，所幸黄文芳同学主动帮我向她亲戚家借来一万元，我交给了赵老师。在当时物价飞涨、法币贬值的情况下，一万元是根本到不了解放区的，实际上还是全靠两位老师的支持。

出发前两位老师做了充分准备。张老师将他近两年时间，在敦煌用心血创作的国画开办了展销会，用卖画的钱作路费。通过他在国民党军队工作的兄长，搞到了两套军装和各种证明文件，带着他们的三个孩子（最大的七岁、最小的两岁），还有我，以及组织上托他们带走的——曾就读于直二院，后在新华社工作的贺锋同学，一行七人向中原进发，乘坐的船是国民党的军运船。临出发前赵老师一家五口搬到朝天门码头附近的一家客栈，天色已晚，张老师到万寿宫临时保育院去找我。由于灯光昏暗，地板又多已腐烂，他一脚踩空，右膝关节严重扭伤，不能再往上清寺去通知我了。所幸遇到十五中学的一位于姓同学，即托这位同学转告我。我当时已经睡了，保育院的大门已经上锁。老师态度不好，我苦苦哀求她也不肯开门。送信的同学已经走了，我急得团团转。最后，她威胁我出门就通知十五中学开除我。万一我找不到两位老师怎么办？这问题我想都没想，出了门我撒腿就向朝天门跑去。当时已夜深人静，街上行人车辆很少，我毫不受阻地冲到朝天门，找到两位老师所在地，看见张老师的膝盖已肿，行走都很困难，我心里又急又怕，不知该如何是好，一个人痴呆呆地坐在那儿。而两位老师并没有责怪我，赵老师还一再安慰我，自责她弄丢了我留下的地址才发生这种事情。

次日天不亮，我们就下到码头，坐了一只木筏靠上了我们要乘的大船，船上很拥挤，连个坐处都没有。张老师只好坐在行李上，我当时的身份是赵老师的妹妹，我们一家六口挤在一起。没有看见贺锋，两位老师很焦急，怕他错过开船时间。正着急地等待着，检查人员来了，张老师拿出证明文件给他看，他只瞟了一眼就走过去了。两位老师紧张的心才算放下来，事后我才知道，原来证明上注明了“不准携带家眷”，他若认真看，我们就只好被赶下船了。我们能顺利地离开重庆，真要感谢这位检查人员了。

检查完毕，船开了。贺锋突然冒了出来，大家都很惊喜，两位老师悬着的心总算放了下来。贺锋很机警，躲过了检查，他当时的身份是张老师的勤务兵。他很瘦，穿了一套又肥又大的军装，逗得我们直笑。由于多日来赵老师既要照顾三个孩子，又

要忙于出发前的各项准备工作，劳累过度，精神又极度紧张，以致船行不久，就出现腹痛。挨到傍晚，似有流产征兆。贺锋赶紧设法找到船员，花了些钱，让赵老师下到底舱，躺在船员的铺上，我也跟她下去，守在她身边。底舱很暗，床铺既窄又脏，蚊帐很低，黑乎乎脏兮兮的，但能弄到这个铺位已经很不容易了。赵老师躺在铺上，腹痛一阵接一阵。我从未经历过这种情况，一点不懂该如何照顾她，傻乎乎地看着她受罪。到了下半夜，她递给我一个沉甸甸的纸包，叫我悄悄丢到长江中去，切勿被人发现，说若被人发现，这张床位就不会再让她睡了。这个小生命还未长成人就这样结束了。

按说产妇流产后，既要休息好，又要给予足够的营养，而赵老师连白开水都未能喝上一碗，这是因条件限制，也是因我的无知。船到三斗坪后，我们找到一家僻静的客栈住下，赵老师才得以好好休息了两天。

在前往津市的路上，张老师因腿伤不能行走，只好乘滑竿，赵老师则坐轿。两个小家伙坐在箩筐中由挑夫挑着，大女儿时而跟父亲乘一会儿滑竿，时而跟母亲坐一会儿轿，或由我牵着步行。这孩子很懂事，不哭不闹，很少说话，非常文静。坐筐的男孩也很懂事，只有两岁的小毛妹由于在筐内坐久了，一旦歇息下来，出了筐就不愿再进筐，左哄右哄都不行。只好吓她，说她不进筐，大家就都走了，只留下她一人了。她怕了，只好乖乖地坐进去。我们晓行夜宿，遇水行舟，顺利地到达津市。

两位老师一再叮嘱我们要提高警惕。我们找到我党地下联络站——长城客栈，稍作休整，并改了妆。贺锋是该地区人，语言接近，故改做老板，张老师改做他的账房先生。我们又继续向古长堤出发，沿途也很顺利。到达古长堤后，我们住进一家小客栈。客栈除我们外，还住有一对年轻夫妇。第二天上午，两位老师带上他们的孩子们，由贺锋陪同去找接头人，我留下看东西。那一对夫妇的男方也走了，剩下我们两个女青年一下子就熟了，我们弄水洗头、擦澡，然后坐下来聊天。我才知道她姓范，19岁，同那男的只是结伴而行，为了方便，假扮夫妻。我遵照赵老师的嘱咐，未向她暴露我的真实身份，只说我随姐姐一家要回河南老家去。我明知道她也是到解放区去的，但并未深问，后来他们何时离开客栈就不清楚了。

两位老师欢天喜地地回来了，我知道他们一定是顺利地接上头了，也高兴极了。第二天上午，我们跟随送税银的警卫出发了。由于该地区情况复杂，警卫人员建议我不要穿学生装，改穿赵老师的白绸旗袍。张老师改骑毛驴，两个小家伙仍坐箩筐，而流产尚未满月的赵老师不再坐轿，同我们一起步行。到江汉军区三分区的途中，有一段是水路，一望无际的荷叶、莲花，我们乘坐小舟就在其中穿行。我和赵老师及三个孩子乘一只小船，夜晚蚊子多极了，赵老师用被单将小舟的船舱前后罩起来，带孩子们在里面睡觉。我干脆坐到船头观景，真是天连地、地连天，好一个莲的世界！我真佩服老艄公能毫不费劲地辨别方向，在这莲的海洋中穿梭自如。

到达三分区后，张老师住进了医院，我、赵老师和孩子们都住在群众家。大家都睡在地上，由于苍蝇、蚊子太多，孩子们不能入睡，赵老师就用几条大被单做了一个很大的蚊帐，待孩子们休息后，她则去医院看望张老师，我留下照看孩子们。大约是到达三分区的第三天，组织上通知我们随队前往四望山新四军五师师部，但挑夫一直等不来，张老师无法行动，就让我和贺锋先走。

走着走着，我意识到自己犯了一个不能原谅的错误：张老师是为找我扭伤了腿的，赵老师又流产不久，还有三个孩子要人照看，我怎么能丢下他们，自己先走呢？但后悔已经晚了，现在想返回去无人批准，我又摸不清返回去的路，只好怀着愧疚的心情跟队继续前进了。

我们是跟随送税银的警卫分队前往四望山的，这批去四望山的知青约20人，只有我一个女性。在出发后的第三天，我突然发烧。我所在班的指定班长钟英，坚持让我留下。

我留下住进姓郭的保长家。他表面上是保长，实际上是我们的人。我和他母亲及女儿翠儿住在一间很暗的屋子里。他们替我架了一个铺，铺边还放了一只粪桶，让我连屎尿都不要出门，吃饭也由翠儿端来。这孩子十一二岁，很勤劳，很可爱。我每天除了发冷发热，就是迷迷糊糊，昏昏沉沉地像死人一样躺在那儿。翠儿每次来送饭，我都向她打听外面的情况。有一次她告诉我，国民党军就在不远的大路上，据赶集回来的人说，过去的军队很多。我听后很害怕，同时又考虑到住在这儿无药治，病好不了，身体还越来越虚弱，意识到唯一的出路是赶紧走！于是我请求保长，待下一批知青路过时，一定通知我跟上走，他也怕出事，很赞成我的意见。

果然不几天又有送税银的过来了，带队的是一位教导员，随之而来的知青有十几个人，其中有三四个女同志。这些同志都很热情，看我病成那个模样，并没有把我当成累赘而嫌弃我，而是鼓励我、安慰我，说他们带有奎宁，吃几天病就好了。我自己也下定决心，一定要跟着他们走到四望山去。

当天晚上我们就出发了，他们替我找来一根棍子当拐杖，又怕我掉队，让我走在队伍的中间，看我实在走不动时，就扶我走一段。只要队伍休息下来，我就躺倒在地。到了宿营地，也赶紧找地方躺下。由于疟疾未除，她们做好饭端来我也吃不下。她们劝我一定要勉强吃几口以增强体力，否则就更走不动了。我虽然头昏脑涨，全身哆嗦，口苦难咽，也听从她们的忠告，勉强吃些。

每次通过公路都要求跑步前进，我连走都困难，哪里还能跑呢？我咬紧牙关不让自己倒下，两个同志搀扶着我，我仍颤颤巍巍。最后总算在同志们的帮助下，一次次闯了过来，到达了目的地。

这段经历使我深深感受到了革命大家庭的温暖，感受到同志间互助友爱的珍贵。我深深感激这些素不相识却胜过兄弟姐妹的同志们。他们不仅将我带到了四望山，也以助人为乐、无私奉献的精神教育了我。虽然未能记下他们的名字，但我永远在心底怀念着他们。

战斗的历程，严峻的考验

1946年6月至8月的63天中，我跟随三五九旅，在当时担任中原军区副司令员的王震同志率领下，参加了解放战争中具有历史意义的中原突围。中原突围粉碎了数十万蒋军的围追堵截，行程5000华里，途经鄂、豫、陕、甘四省，终于胜利地回到了革命圣地——延安。这是我终生难忘的一段历史。

一、突破重围跨征途，步履艰难炼身心

蒋介石撕毁停战协定，妄图制造第二个皖南事变，令刘峙统一指挥，部署了十个正规军、十几个保安团，共三十六万之众，拟于7月，将我中原

部队六万余人全歼于宣化店地区。此阴谋被识破后，我军于6月26日开始行动，主力向西突围：以一纵队向大巴山区，二纵队向秦岭山区，建立新的根据地，继续牵制敌人，配合整个解放区作战。同时，皮定均旅向苏、皖边，张体学部向鄂东地区突围。三五九旅在二纵为右翼纵队，其中包括三五九旅全部，新四军五师十四旅大部，还有一个干部旅约1100人，由王震同志率领。当时我和另一位女战友张亚侠同志在三五九旅司令部管理科任文化教员。突围前两星期，领导即动员每人打几双草鞋，说部队马上要进行演习。我们信以为真，出发前还告诉房东老大娘，携带的行装也是演习中所必需的，即一条夹被、一套换洗衣服、几双草鞋。

部队黄昏出发，夜行晓宿，秘密行动。我由于近半年没有长途行军了，刚走二三十里路就很累，脚痛腿酸，但我们开始几天行动不快，里程不长，尚能支持。至6月29日出发时，领导特别强调要一个个紧紧跟上，不准掉队，不准说话。直到这时，我才知道部队要突围了，心情顿时紧张起来。这天晚上行军速度很快，走着走着，听到前面密集的枪声，部队开始跑步前进。越往前跑，枪声越近、越密集。我们涉过一条小河，河水不深，但是水中的石头很滑。敌人的子弹在头顶呼啸，我的心狂跳，两腿发软，浑身颤抖得像筛糠一样，越想快跑，腿越拖不动，眼看就要掉队了。我又急又怕，这时，后面的同志鼓励我："你不要害怕，这是我们的部队在打枪。"他这句话给我吃了一粒定心丸，顿时，我的心不慌了，腿不软了，身子也不抖了，跑得更快了，顺利涉过小河跟上了队伍。

事后我每想起这件事，都觉得好笑：哪有向自己人开枪的呢？分明是有战斗经验的老战友在哄我，可我当时却深信不疑，也亏了当时幼稚无知，我才闯过了这一关。

我跟着队伍在田埂小路上快速前进，枪声渐渐听不见了，心跳平静了，思想也松弛了下来，累、困又一齐向我袭来，我正迷迷糊糊地向前走，扑通一声掉进了稻田里。我全身湿透了，到处都是泥。这片稻田地势很低，离路面有一丈多高，往上爬又没个攀登处，我只好请求上面的同志将我拉上去。当时天还没亮，我无法看到那位同志的面容，至今仍不知是哪位好心的同志救了我。以后每当我回想起这段经历，就会怀念这位好同志。

东方现出了鱼肚白，天渐渐亮了，虽然经过半天一夜的急行军，大家都很累了，但见到我满身污泥的这般模样，却没有一个不笑的。我真是无地自容，只好低着头快步往前走。当太阳升起来的时候，部队要蹚过一条河。我真高兴极了，心想这下可以将满身的污泥洗干净了，于是冒着掉队的危险，站在河水中，急急忙忙地把自己从头到脚洗了个遍。满以为洗干净了，哪知中午到达休息地时，我的头发和衣服干了，满头满身的污泥又显露了出来。旅首长们都坐在路边休息，一见到我就哈哈大笑起来。我真害羞极了，赶紧加快步伐，从他们身边穿过，躲到一棵大树后边。直到部队继续赶路，首长们都走了，我才跟着管理科的同志们走在后面。当天下午幸遇滂沱大雨，虽然道路泥泞难行，摔跤不少，可大自然的淋浴总算将我这一身污泥冲刷了个干净。

二、抢丹江过险关，鲍峪岭血斗敌顽

蒋介石获悉他所苦心部署的围歼计划遭到了彻底失败，慌忙令刘峙全力追击。我军几经奋战，越过唐河、白河，计划在鄂、豫、陕三省交界地区建立根据地。眼看前后围歼、追击计划均已落空，蒋介石愤怒交加，严令刘峙督战追击，令胡宗南星夜抢占鄂、豫、陕三省交界的险要山隘荆紫关，力图全歼我军。我军经过连续战斗，抢渡丹江，当时正值雨季，山洪暴发，江水汹涌、白浪滔天，又无渡船，只好徒涉过江。在徒涉中，七一九团有十几位指战员不幸被激流巨浪卷走牺牲了。旅直属队到达江边已是黑夜，我正在为过不了江发愁时，司令部警卫排的两位同志，将我从滚滚洪流中带了过去，而我仅有的一点行装则全部丢光了。

我军抢渡丹江后，敌人又匆忙拟订了一个新围歼计划：以九个师的兵力，对我军形成前堵后追、左右夹击的态势，妄图将我军包围在鲍峪岭、南化塘附近，予以全歼。

我军前行梯队七一七、七一八两团，为争取通过荆紫关至南化塘大道，在行进中被敌人截断。七一九团、旅直、干部旅几经拼杀才得以通过荆南大道，但次日拂晓又被敌阻击，只好绕道北进，却还是被敌截断去路，再次展开激战。这时玉皇山顶已被敌人占领，火力密集，无法突出，只好翻山西行。行至半山，又遭遇敌人的猛烈炮火，我军已陷入敌人包围圈，形势异常险恶。王震同志亲率七一九团二营进行正面攻击，身先士卒，前仆后继，反复冲杀。七一九团五连连长贾长经同志头部受伤仍指挥战斗，后被子弹打穿双肩也不下火线。战至黄昏，形势仍未改变，处境十分危急。王震同志和三五九旅政委王恩茂同志当即发动全体党员投入战斗，号召全体指战员发扬我军善打夜战、近战的特长，利用夜幕的掩护，击溃敌人，突出重围。于是，仍以七一九团五连为主发起猛击，打开缺口，王震同志一声令下，旅直和干部旅突围。我们像插上双翅一样，沿着一个斜坡向前冲去，敌人的子弹在我们的头顶、身旁、腿边擦过。有的同志倒下了，我也来不及看一眼，跑着、跑着，一头骡子挡住了去路，我推不动它，想超过它又无路可走，心急火燎地不知该怎么办，忽见几双手同时推向骡子，终于将它赶开。这时一颗子弹从我左脚踝骨边擦过，当时没有感觉，直到冲出重围到达集结地，我才感到一阵疼痛，用手一摸有血，这才知道我也挂花了，不过还算幸运，没有伤到骨头。以后，每想起这件事，我就后怕，要是那次我的踝关节被打断了，像那些负伤倒下的同志们一样，我的命运该会是怎样的呢?

但当时我并没有想到自己，我担心的是痢疾未愈的未婚夫何家产，怕他冲不出来。突出重围后，部队连夜急行军，第二天早晨我又见到了他，真是惊喜交加。我问他怎样冲出来的，他告诉我旅直和干部旅突围后，侦察员又发现了一条较隐蔽的小路，他随旅首长、王震同志等人一块突出了重围。

三、立下愚公移山志，千难万险只等闲

在鲍峪岭地区突围后，三五九旅在王震同志率领下，吸引了数十倍于我之敌，单独转战在陕南、秦岭方圆八百里山脉。这里都是险峻的高山和

深深的沟壑，地瘠民贫，人烟稀少。为了避开敌人的围歼，部队又多选择在无路可走的深山老林中行进，攀登怪石嶙峋的高山，在一人多高的乱草荆棘丛中踏路，在山涧溪水中穿梭。特别是没有粮食吃，有时一两天都找不到东西吃，不得不以野果充饥，偶尔找到一点玉米、土豆就好像发现了无价之宝。七八月的深山里，雨天和晴天，白天和夜晚，温差很大。部队常常冒雨急行，浑身湿透，露宿下来又冷又饿又困，泥里雨里躺倒便睡。同志们一个个破衣烂衫，战士们上衣的肩头被枪杆磨破，前襟后裾被荆棘划破，裤子的下半截撕下来包了脚，长裤变成了短裤。出发时的简单行装都在一次次突围中丢掉了，没鞋穿，山路上的石头像刀样地割脚。脚被石子划破了，又在泥水中泡烂了，脚板烂得像蜂窝一样，钻心地疼痛，不得不弄根棍子作为拐杖，支撑着前进。拉肚子的人越来越多了，还要日夜行军，频繁战斗，部队处于极度疲惫中，连大小便都无力

离开队伍一步。辛苦了我们几个女同志，再累、再怕掉队，也得找个隐蔽处。

大家都怕掉队，但有些人仍然掉队了，或经组织批准化装留下了。我也很想留下来化装到延安去，早在刚渡过丹江的一天下午，我见到一直带领侦察队走在前面的何家产同志，本来就消瘦的身躯更加瘦得不像样了：颧骨突出，两颊深陷，拄着拐杖艰难地行进，我一问才知道他已经腹泻几天了，肚子痛起来，黄豆大的汗珠直往下淌。大便次数多，还非得离队去泻不可，同志们劝他也不听。队伍一旦停下来，他就躺倒在地，闭上双眼，任凭雨水在他脸上冲刷，蜡黄的脸就像死人一样，我真担心他再也站不起来了。同时我也被饥饿和疲劳折磨着，深感支持不下去了。于是，我劝他留下，表示我陪他一起化装到延安去。他不但不同意，还批评我说："现在到处都是敌人，留下来只有当俘虏送死。我只要还有一口气就决不离开部队，你也要经受住这一严峻的考验。”我惭愧地低下了头。后来，在三五九旅政治部副主任刘亚生夫妇被批准留下时，我又一次产生了与他们一起化装走的念头，但想起家产说的话，看到战士们背负枪支弹药，还要不停地投入战斗，尤其是想到那些宁死不屈的英烈们，我又惭愧了，下决心战胜怕苦怕累的怯懦思想，再不考虑化装走的事，死也要跟部队死在一起。

后来得知刘亚生同志被俘牺牲的消息，我心里非常难过，痛惜我们党又失去了一位好同志。

四、蒋朱首长遭不幸，全团指战泪如飞

七一九团副团长（无团长）颜龙斌同志在狗头坪战斗中负了重伤，被截去右臂，仍坚持随军行进，怎奈阴雨夜黑，翻山越岭，连摔数跤，伤口化脓，最终壮烈牺牲。

此后，家产即调任七一九团团长，他拖着病

体上任了。为了尽量分散非战斗人员，我也被调往七一九团。因为敌情严重，战斗频繁，家产怕我出事，便令我跟随七一九团政委蒋洪钧同志和团直属队一块行动。我初调七一九团没有分配任务，是个“自由兵”。有一天，我们行进在一条大山沟里，家产率前卫早已过去了，而团直的一部分和后卫部队还没上来，蒋政委（他妻子在过丹江时被洪水卷走牺牲了）要留下等候。这时太阳已经西斜，我肚子饿得难受，就要求先走，去找点吃的，得到他的同意后，我向前赶路。爬上一半山坡，发现一间茅屋，炊烟升起。我跑过去看见团里的几个人正在做饭，赶紧去帮忙。我们正吃着饭，忽然听到炮声，即带上食物赶紧上路，一口气爬上一座大山，看到前卫部队正和敌人交火，去路已被堵死。一颗炮弹落下来，将站在树下的参谋长朱佐夫同志炸死了。这时，家产正一面传令团直和后卫部队赶快上来，一面带领侦察员寻找敌人防御薄弱处。

天已黑了，家产又一次利用了我军善于夜战的特长，率先突出重围。这一夜尽在奇山异峰中翻越，根本没有路。陕南山区本是树林杂草茂密的地方，可是这一夜所爬的山，却多是光秃秃的悬崖峭壁，连根能帮助攀登的小树都难找到。有的山峰高耸入云，山山相连，两壁紧紧地夹在一起，间隙很窄，穿过一个人都有困难。天亮后，部队摆脱了敌人，却没有见到蒋政委。原来，就在他停下等待后卫部队时，被敌人的一颗炮弹夺去了生命。

七一九团一天损失了两员主将，同志们都万分悲痛。虽在那恶劣的环境中，我们不能像样地安葬他们，更无法为他们开追悼会寄托哀思，但从同志们愤怒的眼神、沉重的脚步中，不难看出大家对敌人是多么仇恨，对死者是多么怀念，他们的丰碑将永远立在同志们的心中。

五、路逢尽处还开径，我到绝处又逢生

有一次部队冒着大雨攀登悬崖峭壁，走了一天一夜，争取顺利通过漫川关。此地两边高山夹沟而立，敌人业已封锁出口。我前卫乘阴雨夜黑，突破重围，使七一七团、七一八团、旅直和七一九团的前卫营得以顺利通过。由于干部旅迟迟未能跟上来，突破口再次被敌人封死。此时，天已拂晓，若不迅速冲出去，就将被歼灭。那一天，王恩茂政委带了几个参谋与七一九团同行。家产请示他后，就带领通讯班冲出沟口，掩护团直和后卫部队突围。通讯班冲出后，我们紧跟其后向沟口冲去。跑到沟口，敌人的子弹像雨点般迎面射来。我只看见王政委等人向右晃了一下，就再没见到人影了，团里的人也跑散了。出了沟向右是一片梯田，敌人的子弹铺天盖地地射来。我趴在田埂下抬不起头来，又不知道

自己人的去向，这次可把我吓坏了！

我的脸色一定像死人一样灰白，心都要跳到嗓子眼了。我强迫自己镇静，回想起冲出沟口时恍惚看见人们向右去，急忙顺着田埂向右爬行，爬过几条田埂，转过一条山沟，终于发现了我们的人。敌人的枪声也落在后边了，我的心才渐渐平静下来。

我们结队而行，途中又不断汇集许多失散的人。到中午时分，团直才赶上前卫部队。当天下午，家产和参谋长周奎也带着通讯班和后卫部队赶到了，但干部旅却未能跟上来。

六、攀山滑坡创奇迹，胜利笑声鼓士气

这一天大雨滂沱，道路泥泞不堪。尤其入夜以后，天黑路滑，伸手不见五指，行进非常困难，有一段不足一华里的田埂小路，竟走了两个小时。午夜以后，旅直和七一八团进驻大底村宿营。

这个村坐落在一条大山沟里，两边高山耸立。紧跟旅直的是七一九团一营，因为团直还没上来，我就跟着一营前行，在沟边的两间小草屋宿营。大家倒在炕上、地下、屋檐下呼呼大睡，一个挨着一个，挤得满满的。我也占了一个角落躺下了，正开始迷糊，忽然听到零星枪声。我叫醒营长，他说："你放心睡吧，前面是旅直和八团。"说完他又睡着了。我觉得不对，我们行军时连话都不准说，加上夜黑看不见路，也不准用手电，怎会开枪来吸引敌人呢？果然，枪声越来越密，我又喊醒他，他一下子跳了起来。我赶紧向后转去找团部，伴随我急匆匆的脚步声，迎来了黎明。我看见在一间小草屋的门口站着团直的人，大家正以焦急的目光注视着屋里。我一问才知道旅部侦察员送来了王震同志的一张纸条，通知七一九团大底村已被敌人占领，旅直和七一八团已先行突围出去，令七一九团想尽一切办法突围出去。

不一会儿，家产带着老农出门向左上山，部队紧紧跟上，向泥泞无路的荒山爬上去。这座山怪石嶙峋，杂草、荆棘丛生。同志们发扬团结互助精神，大帮小、强帮弱，跌倒了再爬起来，先爬上去的拉后面的，终于将全部人员都带上了山。我在同志们的帮助下攀树枝、抓岩石一步步往上爬。有的石头太大，我个子瘦小，手无处可攀，脚无处可踏，就靠同志们上拉下顶地往上爬。越过了几个山头，已经把大底村甩在后面了，但由于无路下山，部队并没有脱险，一旦被敌人发现，就会包抄过来。部队困守在一座荒山上，指战员们疲惫不堪，武器弹药很少，每人一支步枪，一个营才只有三四挺轻机枪，之前缴获的重机枪和部分轻机枪，都因为行动太紧张扛不动，就地砸毁了。

现在全团孤立无援，若不能迅速下山，就算不被敌人打死，也会被困死、饿死。时间紧迫，必须当机立断！家产催问老农下山之路，老农指向一个

山坡，但这里并没有路。家产令部队下山，同志们只好往山边一坐，两腿一伸，连泥带水向杂草荆棘丛中滑去。待团直下山时，已经滑出一条非常光滑的陡坡。从那样高的山头滑下来，想在中途停一下是不可能的，我头晕目眩，心脏都要跳到嗓子眼了，滑到山底，我赶快滚到一边，生怕被后边的人压住。我紧闭双眼，过了好一会儿才缓过神，站了起来，但好一阵两腿还在发抖，心脏还在狂跳。忽听有人诙谐地说："今天是我有生以来第一次坐飞机。"大家都不约而同地说："对，我们今天都坐了飞机了！"接着便是一片笑声，这是胜利者的笑声！这笑声更增强了我们的信心和力量，部队又大踏步前进了。据家产后来告诉我，这条路老农已多年不走，当时又吓昏了头，所以胡乱带着部队上山，到了下山时，又胡乱指个陡坡就让下。等待部队下了将近一半时，他想起来了，将自己的脑袋一拍，又带部队翻过一个小山梁，果然有一条小路。就这样，七一九团完完整整地突出了重围。当天下午，七一九团全体指战员又同旅直和七一八团会师了！

七、夜行晓宿须谨慎，紧跟部队不离分

在突围路上，我有两次差点掉队。记得有一次部队走了一夜，到第二天中午宿营。团直住在一幢瓦屋里，这栋房子有七八间，坐落在离道路十多米远的半山坡上。小石板路的两侧长着茂密的树林，走在路上很难发现这栋房子，这在贫瘠山区是少有的大户人家。由于战争，人都跑光了。我们到后赶快弄饭吃，吃完饭就倒在一间小屋的炕角上睡着了。也不知睡了多久，一阵犬吠声把我惊醒。我仔细一听，整栋房子都静悄悄的，赶快爬起来一看，人都走光了！我掉队了！顿时心惊肉跳，我像离弦的箭一样直冲出去，拼命地向前奔跑，不知道跑了多远，终于看见了后卫部队。时已落暮时分，我不敢迟疑，

仍一鼓作气向前跑，一直跑到团直才放下心来。这个夜晚，我的心久久不能平静，一边走一边想，是这条狗唤醒了我，才使我赶上了部队。有了这次掉队的教训，我小心多了。每当部队休息下来，我都睡在最显眼的地方。有一次，我拉肚子，那时根本没有药，我就按家乡老人们常说的饥饿疗法，光拉不吃，让肚子空着，但紧张的突围不能停，我一点力气都没有了，只好靠着一根拐棍艰难地行进，爬上一座山梁。旁边有两间破草屋，部队就在这儿休息，我在距道路不及两米的玉米地边躺下，一会儿就迷迷糊糊地睡着了。突然有人用棍子拍打我的腿，我惊醒一看，部队已经走了，是收容队的同志。他边打边喊："敌人追上来了！你还在这儿睡觉，起来快走！"我赶快爬起就走，边走边庆幸自己这次选了一个显眼的地方睡觉，否则又要掉队了。我加快了步伐，在天快黑时又回到了团直。

八、转战征途虽艰险，增长才干斗志坚

当我抱定死也不离开部队的决心后，我同饥饿、疲劳、腹泻、烂脚作斗争的力量反而极大增强了。每当团直宿营下来，家产还忙于部署警戒未归时，我就赶快寻找一块木板或茅草为他准备一个睡处，并替他找点吃的。待他到达宿营地时，别人早休息了，他就可以坐在地铺上，边吃边看地图（一本手掌大的全国袖珍地图），询问向导，安排好出发的路线，然后再躺下睡一会儿。有时还没来得及躺下，便又发现敌情，战斗打响，部队就边打边走了。由于要为他准备食物，我腰带上的缸子就由一个变成了两个。这样，我替何家产背门板、背饭缸的事就在部分同志中传开了，直到现在还有同志提起中原突围，就笑我是何家产的开水罐子（勤务兵）。

为了找到食物，我常常跑到部队前沿去，有几

次碰到侦察队做饭，便赶过去烧火，饭熟了同他们一起吃。我没有鞋穿，他们还替我找到一双绣花鞋。这是陕南山区姑娘们穿的尖头鞋，我这双穿草鞋长大的宽脚板，又加上长时间强行军，脚丫已经走烂了，肿胀得根本塞不进去，只好把它剪成凉鞋式，才勉强穿上，但仍然夹脚难行。随后，他们又替我弄到一双高粱红带碎格的布鞋，这双鞋很肥，正合我脚，我穿上它一直走到了延安。这些好心同志的姓名，我虽不知道，但他们的音容笑貌却深深地刻在我的脑海中。

经过这个时期的转战，我的身体虽瘦，但越来越结实了。爬再高的山不气喘，跳沟跨坎更不在话下，再泥泞的路都不会摔跤了。增长了战斗经验，胆大，心也细了，学会了利用地形地物。在敌人的枪林弹雨中，能做到心不慌、腿不软了。在行军的后期还常常替人背枪，有时竟能背上两支卡宾枪大踏步前进。

我虽然背着枪，可从来没有使用过。有一天中午，从一座高山下到一条很宽的大山沟里，前卫部队早已过去了，团直和后卫部队尚未跟上来。我突然看见不远的山脚下，有三个黑狗子（保安团的人）。我一下子心慌了：退吧，实在不愿再爬回山上去；进吧，又怕被敌人攻击。正进退两难，那三个敌人也发现了我，可他们不仅没有向我扑来，反而向山沟隐蔽处躲藏。正在疑惑之间，我突然想起自己不是背着枪吗？于是马上从肩上取下枪来，端在手上，像投入战斗一样地向前大踏步走去。这件事使我更深刻地体会到枪杆子的威力。

九、征途千里破顽敌，屯子镇上庆胜利

我军进入秦岭以后，曾打算在此建立根据地，为便于机动，曾一度分散活动。七一七、七一九两团各为一路，七一八团和旅直为另一路，是为商洛

分兵。怎奈敌军以18个师的兵力，对我军不断组织围歼，使我军减员严重。为保存实力，除七一七团仍单独行动，以分散敌人兵力外，七一八、七一九两团和旅直集中行动。我军由于一次次地陷入敌人重围，日夜行军作战，饥寒交迫，已成苦战疲惫之师，所有骡马辎重都在一次次突围中丢掉了。当地民贫地瘠，人烟稀少，国民党统治又严，我们的伤病员无处安顿，粮食弹药没有来源，实在难于立足，因此中央决定三五九旅返回陕甘宁边区。

于是我们日夜兼程，越过川陕公路、天宝铁路，徒涉渭河、泾水，突破敌人重重阻击，终于离陕甘宁边区越来越近了，离党中央越来越近了！我们每个人的心里都充满了欢乐，有了无穷的战斗力，以日行150里的速度向北急进。“警三旅已经到屯子镇来迎接我们了！”这一振奋人心的消息鼓舞着我们。大家都把拐棍丢了，昂首阔步，精神抖擞，不再有人掉队了。当我们走入屯子镇，看见警三旅的指战员排在道路两边热烈欢迎我们时，同志们都激动得热泪盈眶。迎接我们的同志看见我们一个个又黑又瘦，头发胡子都长长的，破衣烂衫，许多人光着脚，都痛心地哭了。到达驻地后，同志们为我们端来了热水洗脸洗脚。我不记得有多少天没洗脸了，没有镜子，不知脏成个什么模样，脚倒是每次淌水就算洗了，但这次洗脚才发现，腿脚长期积累的垢痂怎么洗也洗不净，脚板上的老茧有铜板厚，用针都扎不进。腿上的皮肤像锉刀一样，小腿肚肿得比大腿还粗，圆鼓鼓硬邦邦的，完全变形了。

我们练就了一双铁脚板，胜利地回到了延安，而敌人的一次次围歼计划彻底失败了！

十、中原突围艰苦程，革命熔炉炼我身

我是在日军投降前夕，从重庆经新华日报社的宋语平（宋平）同志介绍，跟随我的老师赵琗艇、

张民权夫妇化装到新四军五师参加革命的。当时世界观尚未得到改造，对革命认识也很肤浅。中原突围这一伟大的战斗历程，使我经受了严峻的考验、深刻的教育。我亲眼看见那些优秀的指战员为夺取革命战争的胜利，为了人民的彻底解放，为了保全部队战胜敌人，英勇地献出了年轻宝贵的生命。战争的实践使我深深认识到：在残酷的斗争环境中，同志们发扬团结战斗、坚韧不拔的英勇气概和无产阶级互助友爱精神，是多么可贵！正是在同志们的鼓舞、关心和帮助下，我才能够有勇气战胜重重艰难险阻，跟随部队走回来。

经历了这一场伟大的战斗，我的人生中留下了值得庆幸和永生难忘的光辉一页。

附录：傅兆南同志生平简介

傅兆南同志1926年8月生于湖北省钟祥县，1945年7月参加新四军，1947年2月加入中国共产党。1945年7月起在中原军区群众工作团工作。1946年1月起历任三五九旅文化教员、七一九团政治处见习干事。1947年2月至1947年6月任山西离石完小教员。1948年1月任二军五师家属队副队长、代队长兼文教。1949年9月至新疆，任第一兵团留守处干事。1950年7月任新疆军区独立骑兵师政治部统计干事、宣教科第二副科长、干管部秘书。1953年1月任新疆阿山军分区干部科科长。1953年5月转业，任新疆阿勒泰地委组织部干部科科长。1955年8月至1956年9月为西安中共中央第二中级党校学员。1956 年 9 月毕业后任新疆喀什地区妇联副主任。1957 年 2 月任中共疏勒县委副书记。1959 年 9 月任北京市安定医院团委副书记。1960 年 9 月任重庆市妇联办公室副主任，1962 年夏任新疆维吾尔自治区统计局办公室副主任。1971 年初下放新疆第三“五七”干校劳动，同年夏任安徽省霍邱县商业局副局长。1976 年 8 月到福建省干部招待所待分配。1982 年 12 月离职休养。2024 年 8 月 30 日，因重症肺炎，呼吸衰竭逝世。

后记：妈妈的怀抱

母亲怀上我是一个意外，本来我已经有两个姐姐和一个哥哥了。母亲忙于工作，还要照顾家庭，所以不想再要孩子了。但是当时父亲在阿勒泰忙于建立地方政权，20 世纪 50 年代的阿尔泰还相当落后，连人工流产这样的小手术都做不了，没办法，母亲只好投入忙碌的工作，企图让我掉下来，这种情况与我的外婆当初生育母亲的时候很相似。1926 年，外婆已经生了四个儿子（第一个出生后不久便夭折了），担心再生一个儿子，所以不想要了。当然，母亲的这个愿望像外婆一样没实现，她那个时候 28 岁，身强体健，肚子痛了一天一夜，费了很大劲才把我带到了这个世界。

大约在我八个月大的时候，母亲要到西安第二中级党校去学习了，于是她跟父亲商量，把三个大孩子留给了父亲，只带着我去了西安。在西安我被寄养在父亲的战友苏宏道叔叔家。我那时候虽然年幼无知，还不会说话，但是已经有了情感，非常害怕离开母亲。母亲只能每个星期来看我一次，这是我一周中最高兴、最有安全感、睡得最舒适的一个晚上。可是母亲在西安学习的一年中，我只有 48 个晚上可以跟她睡在一起。从那个时候起，我就喜欢把脑袋顶在妈妈柔软的怀抱里。虽然保姆和苏宏道叔叔一家对我都很好，但这无法减少我对母亲的依恋，一直到现在，我都必须在头顶上顶一个柔软的东西才能入睡。在学校住校的时候只有一个枕头，我只好不枕枕头了，把枕头放在头顶上顶住再睡。

母亲在西安的学习结束了，要带着我回新疆。当她去接我的时候，我用自己的一双小手紧紧地搂着她的脖子，无论谁想再抱我一下都不肯。这件事当然是后来妈妈跟我讲的。什么时候说的，我不记得了，但是在此之后的很多很多年，她都没再提过这件事了。奇怪的是，在母亲去世的前一年，却一遍又一遍地对我讲起这件事。当然，她每次讲我都认真地听着。

回到了新疆，我再想钻到母亲怀里的机会更少了。一是因为她工作忙，每周只能回家一次。二是因为我还有三个姐姐和哥哥也需要照顾。也可能就是因为这些原因，我小时候非常缠母亲。为了引起她的注意，我时常啼哭，这惹得姐姐哥哥都很烦我。我们住在北京的时候，因为妈妈工作的单位离家太远了，每两周才能回家一次。我那时候因为在南疆被传染上了肺结核，到北京以后才发现，没有办法上幼儿园了，母亲回来的时候，我就紧紧跟着她，特别喜欢抱着她肉乎乎的手臂。有一天她在熨衣服，我又缠着她，结果，不小心碰到熨斗被烫到了，疼得大叫起来，被母亲好一顿数落。

等我慢慢长大些了，就不再抱妈妈了，但还是喜欢跟着她，不管她做什么，只要我在家，有机会就跟着母亲：去她的机关，陪着她看朋友，陪着她接待客人。只要母亲不反对，我都会坐在一边静静地听她跟客人谈话，一点也不觉得枯燥，反而很有兴致。但我有时也很犟，会跟她顶嘴。我记得在我七八岁的时候，有一次，不知道怎么惹到了母亲，她生气了，拿着扫床铺的那种扫帚疙瘩揍我的屁股，我一边哭一边跑，但我并不愿离开她，只想往她的身后躲。母亲转过身来，我又跑到她的身后，这样转圈圈，当然免不了挨揍。另一次，母亲在家里接待客人，我又坐在旁边听。他们说着说着，母亲对客人说："等老了以后，我就跟小女儿和小女婿住在一起。"我那时候十二三岁了，听了很害羞，母亲笑着说我："还不好意思呢！"结果大家一起笑了起来。那时母亲可能只是随便说说，可是我却放到心里了。

因为和母亲在一起的时间多，她就常常跟我讲她小时候的故事，讲她湖北老家的家人，所以对于母亲老家的往事，我比哥哥姐姐们了解得更多。而我的好奇心又很强，遇到什么不懂的事情就去问她，我的问题千奇百怪，她当然也没办法都回答出来。

“文化大革命”使我在十二岁就没有书读了，两年后，姐姐哥哥们都当兵离开了家。1969 年 1 月，父亲被错误打倒了，离开了他战斗工作十六年的新疆，家里只剩下母亲和我。白天妈妈上班，我去找同学玩儿；晚上妈妈下班回来，我们一起做晚饭。那时候我开始逆反，跟妈妈吵了几次架。我记得有两次吵完架，我就跑掉了。第一次跑掉，自己回来了。第二次跑掉的时候是傍晚，一直到天黑，我还在离家不太远的马路边徘徊。那时不太冷，街上似乎没有路灯，黑漆漆的，突然妈妈从一个有亮光的地方走过来，她走得很快，满脸急切，一边走一边呼唤着我的名字。她那种急切慌张的样子，是我从来没有见过的，到现在我都记得。看到这样的妈妈，我心里一酸，很是自责，马上从黑暗中走出来，母亲眼神不好，等我走近了她才看见。我一阵心虚，以为会被狠狠训一顿，结果她一看到我，就一把抓住我的胳膊，好像找到了丢失已久的宝贝，生怕再丢了。一边带我回家，一边说："你这孩子怎么会这样呢？一生气就往外跑。"从那次以后，我再也没往外跑过了。

1969 年 11 月，我刚过完十五岁生日，就去广东当兵了。母亲和我乘公交车到火车站，一直把我送到火车上，等火车开动了，我和母亲挥手告别。那个时候的我没心没肺，到了广州也不记得给她报一个平安，弄得她焦急万分。直至收到母亲询问的电报，我才给她回了电。

去当兵，我便是告别了我的童年和少年时代。等我再一次长久地和妈妈生活在一起，已是大学毕业以后了。

父亲突然去世给予母亲的打击，是她一生中最沉重的。他们相识于1946年1月，那时候，母亲20岁，父亲30岁，同年9月他们结婚了。在紧张的战争和工作中，他们聚少离多，但他们的感情经过战争年代的考验，历久弥坚。他们曾经相约：不能同年同月同日生，但愿同年同月同日死（摘自母亲给父亲的信）。而父亲走的那年，母亲才51岁。她心中最大的精神支柱突然倒下，孩子们却都不在身边，她又不是一个感情外露的人。那时候我只想到自己心里的痛苦和难过，完全没想到妈妈比我们痛苦成千上万倍。她难以入眠，即使吃了安眠药，也是夜夜梦到父亲。

医科大学毕业后，我回到母亲福州的家里，此后，我结婚、生女、离婚都没有离开妈妈。我在医院有自己的宿舍，但是我从来没想过要离开妈妈搬出去。我从心底里还是黏着她，我觉得她也需要我。

1980年，我随母亲一起回到了湖北老家。我们先到了旧口镇，那里是我外婆的娘家。我大舅还有一个女儿傅兴凤住在那里。妈妈跟我说，因为我大舅在 1948 年就过世了，大舅妈无法维持生活，不得已改嫁。我的大舅妈，同时也是我的表姨，是母亲的大表姐，在母亲小时候待她很好，因此在她再婚时，母亲给她寄去了 100 块钱作为贺礼。谁知这 100 块钱，却要了我大舅妈的命。大舅妈觉得既然有了钱，为什么还要不体面地再嫁人一次。她觉得很没面子，于是一头扎在水缸里自杀了。我很惊骇，脑子里出现一大堆问号，因为母亲的幺姑也是用同样的方法死的。

我们在旧口住了一天，第二天就到了妈妈的老家石牌镇。那里有母亲祖上的老屋，那是一整排用灰砖建造的很气派的三进院子。虽然时隔多年，但质量一直很好。我们进入母亲住过的院子，那院子中间已经被一堵墙隔开了。她小时候就和外婆一起，住在前院东边的一间大房子里。我们去的时候，里面还有外婆和她曾经睡过的大床，那床太漂亮了，是花梨木的，带有雕花和彩色玻璃，做工十分精美。在此之前，我只在图片上见过这样的床。

母亲一回家，就讲得一口地道的石牌话，我很惊讶，从来都不知道，母亲还能讲这么标准的家乡话。傅家的确是大家族，亲戚众多，某某姨、姨婆婆，某某舅、舅爹爹，还有表哥表姐表弟表妹一大堆，反正母亲让我怎么叫我就怎么叫。总之到后来，除了几个最亲近的以外，我是一个都不认识。

我们这次回老家，还见到了外公，他精神矍铄，母亲长得很像他。有一天外公突然哮喘病犯了，比起石牌镇上的医生，亲戚们更相信我这个从大医院出来的医生，虽然我刚大学毕业几个月。于是我自己给他治疗，给他量血压，发现他血压非常高。我给他输了一些止喘药，他的哮喘症状便很快控制了。我让他吃降压药，但他说他没有任何症状，不愿意吃药。第二年外公就突然去世了，想过去脑卒中的可能性很大。

算起来，从1937年我外婆去世的时候起，一直到1980年这一次我们回老家，母亲和外公已经有43年未见面了，这次是母亲主动邀请外公到石牌见面的。出乎意料的是，并没有出现我想象中的充满喜悦和激动的父女重逢。他们相互都平平淡淡的，很少交谈，甚至没有单独谈过一次话，这让我很惊讶。返程的路上，我问母亲为什么会这样，她说外公是一个不负责任的人，几次丢下外婆和孩子们离家出走。外婆去世，后事一办完，他就走了，此后再也没回过石牌。所以他们没什么话说。我听后心里不以为然，因为母亲明明跟我说过在她去了保育院之后，外公还给她寄过几次钱和衣服，那时候他们都还保持着通信联系，一直到母亲参加新四军。新中国成立后，母亲没有马上给外公写信，还是父亲写了信，找到了外公，他们才重新建立了联系。

平静的生活，如流水般缓慢流淌。我带着女儿一直跟母亲住在一起，用一个户口本，母亲是户主，她也始终是家里最重要的人。几十年中发生了很多事情，但我心底里对母亲的依恋始终未变，母亲在我面前向来是说一不二。随着年龄渐长，我也会跟母亲发生一些矛盾。有一次她也检讨自己说："为什么我对他们三个都不会这样，就是对你这样呢？"不过说完之后一切照旧。母亲生一点小病，从来不愿意去医院，都是找我给她开药治疗。我印象中只有一次治疗不太成功，其余每一次效果都很好。这使母亲对我的医术非常信任。

我是中医药大学毕业，但是在毕业以后，就被分入了西医院，当了五年纯粹的西医，加上多年的学习和临床实践，我对中西医都可以比较熟练地掌握。母亲遗传了外公的长寿基因，并且生活规律，注重锻炼，善于动脑，加上我的精心照顾和中西医结合的治疗，除了骨关节病导致行动不便以外，母亲没有严重的基础病，一直可以获得比较好的生活质量。每当我的同事对母亲的高寿表示惊叹和羡慕时，我都颇感得意。我一直以为她可以活过100岁，想不到，在她98岁这一年，噩梦降临到我们的头上。

1月5日，母亲因为一个小感冒，中度发热住进医院，住院期间却一度病情加重，治疗25天出院。这一次生病对她的身体是一个极大的打击，她从此卧床不起，并且没有食欲。我在家里一边给她注射营养液，一边给她吃中药，调理脾胃，并小心地观察她的各项血液指标。慢慢地，她的情况开始好转，可以正常地进食了，还可以坐起来看电视，护工也能把她推到浴室洗澡。我很欣慰，以为可以逐渐回到之前的生活，却不知道更大的灾难还在后面。

在家里生活两个多月以后，4月12日晚，我像往常一样下班回来，吃了饭就守在她的床边。这时候，我就发现她呼吸困难，数了一下，每分钟32次，再测了一下体温，又发热了。我并没有马上把她送到医院了，而是想观察一下，因为在2月她也曾经发热一次，但只有两天就正常了。这一晚我在她床边守到凌晨两点。次日再看，并无好转，那天正好是星期天，我请门诊部的护士给她急诊抽血化验，一看到化验单，我就毫不犹豫地把她送进了医院，那是 4 月 13 日晚上 10：30。化验单上的感染指标和心衰指标都很高，一进去就下了病危通知。

几年前，我和妈妈约定过，就是去世也要在家里，可是那时候我却没想到，这一次住院，她就再也没能回家了。这痛苦的 4 个多月，让我想起来，满心都是泪！我天天在医院陪着母亲，却无能为力，没办法留住她！

这期间，母亲不发烧的时间很短，至少有 100 多天都在发烧。我的心也随着她的病情起起落落。每当她发烧的时候，我的心就提起来了，紧张焦虑，想各种办法，当她的病情缓解一点，我又放心了一点。在这 130 多天中的每一天，我都会拥抱她很多次。刚开始她精神还不错，对我说："咱娘俩多久没有这么亲近过了。"我说："妈妈，我爱你，一直很爱你。你也爱我。”

在这4个多月里，她发过6次烧，最长的一次持续烧了1个多月，越往后，她发烧的时间越长，间隔的时间越短。母亲真的很顽强，我觉得如果是我可能都撑不下来，这么长时间的发热是多么痛苦！我自己也发烧过多次，妈妈经受的痛苦，我感同身受，心痛如绞。她到后面烧得很难受的时候，也会大叫，叫声尖锐而凄厉，大叫几声后说：“叫叫会感觉舒服点。”她长时间地发烧，我心急如焚，从中医的角度想了各种方法。这些方法都以对抗西药的副作用为主，比如补气健脾的方药、清肺解毒的方药等，但效果不佳，我很快放弃了，倒是在第四次肺炎的时候，用片仔癀取得了效果，但是第五次肺炎出现的时候，就没有效果了。

我经常用自己的前额去碰母亲的太阳穴，就像我小时候发烧的时候，她对我做的那样，这种碰触所得到的结果还是很准确的，跟体温计测出来的差不多。母亲身体的煎熬就是我内心的煎熬，我自己是医生，也明白母亲这一次可能没办法回家了，但就是割舍不下。母亲的时间不多了，我想在这有限时间里用自己最大的精力去陪伴她、照顾她。当然，我也已经和姐姐哥哥们商量好，绝不给母亲做任何创伤性治疗。

到了8月初，母亲又经历了第五次肺炎，也迎来了她98周岁的生日。母亲非常喜欢吃奶油蛋糕，每年过生日，甚至平时都少不了吃。但今年的生日，她已经什么都不能吃、不想吃了，这个时候她的身体已经非常虚弱了：贫血、低蛋白血症、免疫功能下降。医生们已经给她使用了最好的抗生素，但体温仍然不能完全正常。这个时候，她的神志还是清醒的，可以配合我们护理，也可以说一些短语。我仍然每天抱她很多次，她会把一只手臂抬起来抱抱我，拍拍我的背，有的时候会抬起头顶一下我的额头，但是，大多数时间她都在昏睡中。即使是这样，只要我坐在她身边，她就会感到安心，我握着她的手，她就知道是我。我抱着她，感受到她身上的体味，那是从小就闻的妈妈的味道，那么熟悉，那么好闻，是我一直依恋的味道。

母亲的体温在注射丙种球蛋白以后，逐渐正常了，但是我知道这种正常并不会维持很久。8 月 21 日晚上，我又发现她呼吸困难，每分钟在 30 次以上。我请医生把吸氧的压力加大。22 日再过来，发现母亲呼吸更困难了，去找值班医生，她说她看过了，没事儿。我不相信，自己去数了一下，呼吸每分钟 40 次！我再次去找医生，这次找到了经管医生，他马上做出了处置。这个时候我已经控制不住地开始哭泣，并且打电话给二姐，让她回来。母亲出现了严重的呼吸衰竭，医生再次下了病危通知。我仍然要求不进重症监护室、不插管、不做心外按压，并且签了字。这天晚上我搬了一条长凳，在母亲床边睡了几小时。23 日，她又开始发烧了，我们又开始给她用冰块降温，由于二氧化碳潴留，母亲已经处于浅昏迷状态，跟她说话她已经不能回答了，但是在她的耳边呼唤妈妈，还可以回应，握着她的手，她仍然知道是我。25 日，我最后一次给她剪手指甲。平常我给她剪指甲，她都很害怕，生怕我剪到了她的肉，但这次剪指甲，她没有任何反应，甚至我不小心把她左手中指外侧剪破了一点（这也是我第一次剪破她的手），她都不知道，但这个时候她还可以配合我们护理。27 日，我发现母亲 10 根手指的指尖都出现了紫绀，她仍然在发热，但手脚却是凉的。29 日凌晨两点多，我接到了护工的电话，她告诉我母亲出现大量的反流。我马上赶到医院，看到护工正在用吸痰管和胃肠减压器不断地从母亲口中吸出褐色的液体，再往后变成了黑色，我意识到应该是胃出血了，马上找医生开化验单。这时候，母亲已经进入了深昏迷，对外界没有任何反应了，前几天稍有改善的呼吸衰竭又加重了，她已经完全不能配

合我们护理了。29日晚，我给她翻身的时候发现她的整个背部都变成了深褐色，我的心在下沉，我知道她将不久于人世。

30日早上5:30我接到护工电话，叫我赶快过去，说母亲的血氧上不去了，二姐、我和女儿、保姆马上赶到医院。因为我事先已经签了字，所以医院并没有做什么抢救，医生只是给她静脉注射了三支肾上腺素，她身上的各种管子还都没有拔掉。

我亲爱的母亲走了，她走得很安详，我最后一次紧紧地抱着她的脖子，像小时候一样。我用自己的脸贴着她的脸，已经闻不到母亲的体味了，她的脸是凉的，颈项部有很多油汗，但背部皮肤的颜色已经恢复正常，她的身体仍然是那么温暖，仍然是我十分熟悉和深深眷恋的那个怀抱……

何黎明

2024年10月30日